貯金40万円が株式投資で4億円

元手を1000倍に増やしたボクの投資術

かぶ1000

ダイヤモンド社

貯金40万円が株式投資で4億円［目次］

KABU1000

序章

5歳からの貯金が株で4億円に

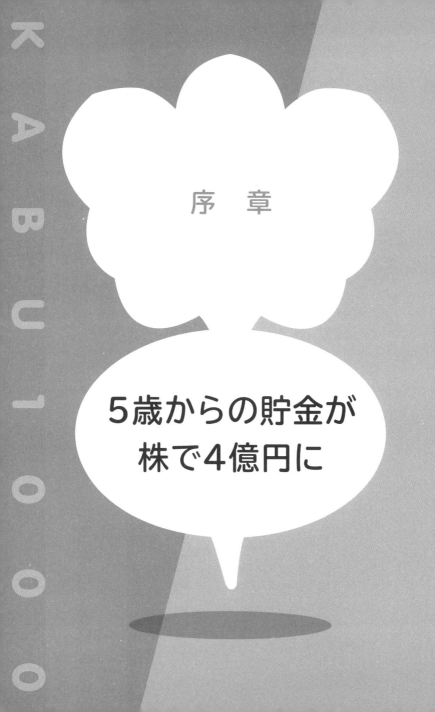

お年玉から貯金を始めて40万円貯める

私が株式投資を始めたのは、中学2年生のとき。元手は満期になった郵便局の定額貯金40万円でした。「中学2年生で40万円も貯めるなんて、実家がお金持ちで、よほどお小遣いをたくさんもらっていたのだろう」と誤解されそうですが、恥ずかしながら実態はまったく逆です。

貯金を始めたのは小学校に入る前、5歳の頃から。きっかけは自営業だった実家が貧乏だったからなのです。

私が通っていた保育園は公立で、保護者の所得に応じて保育料が決まる仕組みでした。うちの所得はA、B、Cのランク分けで最下位のCマイナス。何かの拍子にその評価を見て、とても恥ずかしい思いをしたことを、今でも鮮明に覚えています。

そこで子ども心に思ったのは、「お金がないのはイヤだ。自分だけでもちゃんとお金を貯めなくては！」ということだったのです。

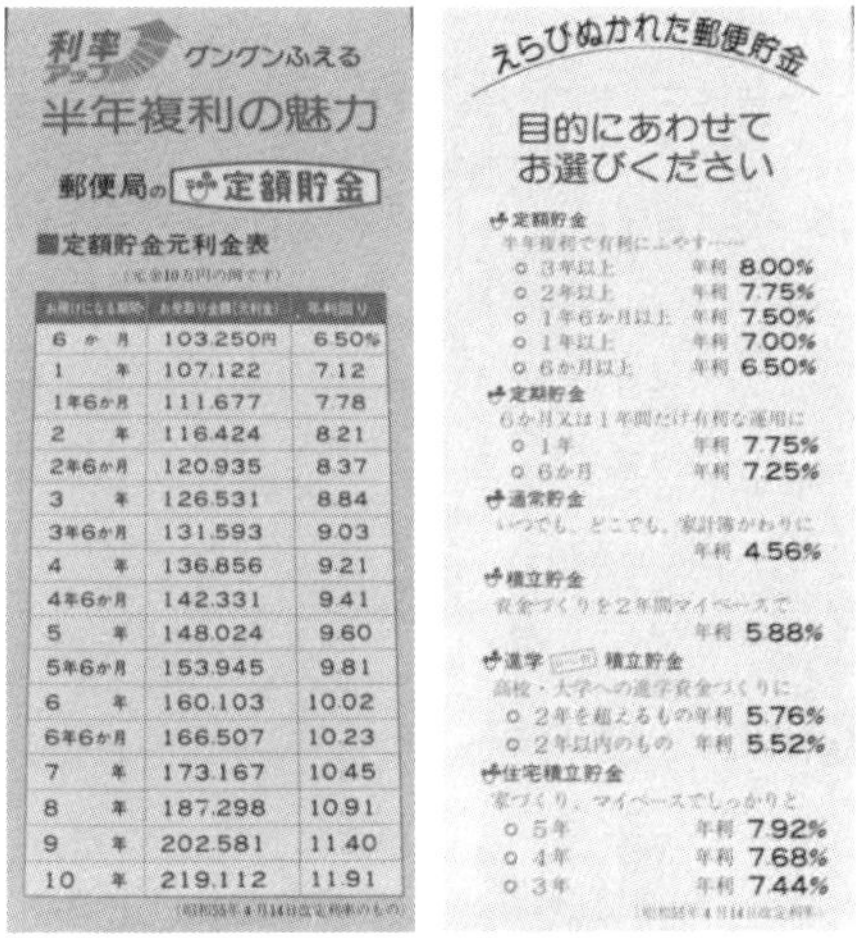

利率アップ　グングンふえる
半年複利の魅力
郵便局の定額貯金
■定額貯金元利金表
（元金10万円の例です）

6か月	103,250円	6.50%
1年	107,122	7.12
1年6か月	111,677	7.78
2年	116,424	8.21
2年6か月	120,935	8.37
3年	126,531	8.84
3年6か月	131,593	9.03
4年	136,856	9.21
4年6か月	142,331	9.41
5年	148,024	9.60
5年6か月	153,945	9.81
6年	160,103	10.02
6年6か月	166,507	10.23
7年	173,167	10.45
8年	187,298	10.91
9年	202,581	11.40
10年	219,112	11.91

えらびぬかれた郵便貯金
目的にあわせてお選びください
定額貯金
半年複利で有利にふやす……
○3年以上　年利 8.00%
○2年以上　年利 7.75%
○1年6か月以上　年利 7.50%
○1年以上　年利 7.00%
○6か月以上　年利 6.50%
定期貯金
6か月又は1年間だけ有利な運用に
○1年　年利 7.75%
○6か月　年利 7.25%
通常貯金
いつでも、どこでも、家計簿がわりに
年利 4.56%
積立貯金
資金づくりを2年間マイペースで
年利 5.88%
進学積立貯金
高校・大学への進学資金づくりに
○2年を超えるもの　年利 5.76%
○2年以内のもの　年利 5.52%
住宅積立貯金
家づくり、マイペースでしっかりと
○5年　年利 7.92%
○4年　年利 7.68%
○3年　年利 7.44%

●1980年4月の郵便局の定額貯金金利表

そこで私は、お手伝いをしてもらったお駄賃やお年玉をなるべく使わずに、コツコツと貯金していきました。当時は郵便貯金の金利がとても良かったので、郵便局に口座を作って定額貯金に預けることにしました。

当時の郵便局の金利は1年で年利7・12％（1980年4月時点）。預けっ放しにして「複利」で運用すると10年後には約2倍になるという、今から考えると夢のような時代でした。

貯蓄を始めて数年後、私が小学4年生のとき、任天堂の『ファミリーコンピュータ』ブームが起こりました。通称〝ファミコン〟。同級生の多くはファミコンを親にねだって買ってもらっていたのに、私はなかなか買ってもらえず、友だちの家に通ってはファミコンで遊ばせてもらうという日々を送っていました。

ファミコンを買うために貯金をとり崩してしまおうかと考えたこともありましたが、今使ってしまってはお金が増えない。そもそもせっかく貯め続けた貯金を減らすのもイヤなので、その後も少しずつ郵便局へ預けていました。

私は幼い頃から、数字に興味がありました。親から聞いた話では、2歳くらいの頃から新聞や広告の数字をハサミで切り抜いていたそうです。

母方の祖母は地元で小さな喫茶店を営んでおり、その日の営業が終わった後、祖母は毎日のお店の売り上げを計算していました。数字に興味があった私は5歳の頃から、売り上げをノートに記録する祖母の手伝いを始めました。

お店の売り上げは、毎日大きく変わります。ノートをつけているうちに、「去年の同じ時期と比べて、売り上げが増えたのはなぜだろう?」といった素朴な疑問が湧いてくるようになりました。

そして、「今年は昨年よりも暑かった。だから、冷たい飲み物が飲みたくなって、喫茶店に涼みにやってくる人たちが増えて、売り上げが上がったのかもしれない」といったふうに自分なりの考えを巡らせるようになったのです。

両親はともに自営業だったこともあり、身近で経済の息吹が感じられた幼い頃の体験は、専業投資家になった今でも非常に役立っています。私は株式投資をする際、現場や現地を視察に行くのですが、それは両親が働く姿を間近で見ていた体験から、現場の大切さが身に染みているからです。

「男なら個別株で勝負してみろ」と祖父に檄を飛ばされる

私が株式投資を始めたのは、バブル経済期の１９８８年からです。中学2年生になり、郵便局に預けていた定額貯金は40万円にまで増えていました。

私はなんの気なしに、そのお金をそっくりそのまま郵便局に預け直そうとしたのですが、バブル経済が終焉に向かうところで、金利は１・68％へと急激に下がっていました。

金利１・68％ということは、40万円を1年間預けても金利は６７２０円にしかなりません。それではお金は増えないと感じた私は、他にもっと金利が高いものはないかといろいろ調べ始めました。そして新聞を読んでいたところ、当時高利回りだった株式の「投資信託」を見つけたのです。

5歳の頃から出入りしていた祖母の喫茶店には、お客さんの閲覧用に新聞や雑誌が何種類も置いてありました。

そこから新聞を選んでパラパラとめくるのが、いつの間にか日課になっていた私は、数字が好きなので、数字が全面びっしりと並んでいる株式欄に興味を持つようになっていました。

そして「なぜ株価は毎日変動するんだろう」と素朴な疑問を持ち、少しずつ株式に惹かれるようになっていきました。

新聞には株式の投資信託の利回りも出ており、当時は年率30％を超えるものもありました。年率30％なら、40万円が1年で52万円になり、12万円も儲かります。それを知った私は、40万円を郵便局に預け直すのではなく、投資信託を買おうと考えたのです。

「株式投資をやってみたい」と相談を持ちかけたのは、父方の祖父でした。

私の父親も株はちょこちょこやっていたようですが、祖父はかなり以前から株式投資に触れていた経験者でした。

すると祖父は「株式を買うには、まずは証券会社に口座を開かなくてはならない」と教えてくれました。中学生ですから、そういう知識すらなかったのです。

好都合にも、祖母が営む喫茶店の近くに地場の小さな証券会社があり、そこの社員たちがランチを食べにきたり、忙しい時期にはオフィスで出前を取ったりしていました。そこで顔なじみになっていた社員の1人に頼んで、私は証券口座を開きました。

これが私の株式投資の記念すべき第一歩です。

口座を開いて虎の子の40万円を入れたところで、祖父から「ところで、お前はどこの株を買うつもりなんだ」と聞かれました。

素直に「投資信託を買おうと思っている」と答えたら、祖父は首を大きく横に振って、こう言い放ちました。

「いいか。投資信託というのは、証券会社が手数料を稼ぐためにやっているようなものだ。お前も男なら、〝これだ!〟という銘柄を自分で見つけて勝負してみたらどうだ」

投資信託は証券会社が手数料欲しさにやっているものだという祖父の説明は、素直に納得できました。祖母の喫茶店で、商売というものをいっぱしに経験していたからです。

喫茶店では、お客さんにコーヒーなどの商品を出すときに、当然、利益を乗せています。証券会社だって商売ですから、手数料という形で利益を乗せて投資信託という商品を売るのが当たり前だと、すんなり納得できたのです。

証券会社任せにせず、個別株を自分で選んで買えば、値上がり分はすべて自分の利益になる。そう気づかされた私は、投資信託ではなく、個別株に投資することにしたのです。

新聞の株式欄を眺めるのが日常という、世間一般の中学生とは違う生活を送っていたとはいえ、どの株を買えばいいのかは見当がつきません。

ダメ元で祖父に「どの株を買えばいいの？」と尋ねてみたのですが、「それは自分で考えなさい」と諭されました。自分の頭で考えて買わない限り、いつまで経っても投資スキルが身につかないことは、今となってはわかります。しかし、そのときは「ヒントくらいくれてもいいのに」と思ったものです。

最初に投資したのは海運会社と自動車部品メーカー

「自分で考えなさい」と言われて、私は大きな宿題を祖父から与えられた気分になりました。そして、「徹底的に調べて儲かる銘柄を見つけるぞ！」と意気込みました。

とはいえ、当時はまだ『会社四季報』（東洋経済新報社刊、以下四季報）の存在すら知りませんでした。

新聞を読んで得た知識と自分の脳味噌だけが頼り。私は考えに考えた末に、これからの日本と世界で必要とされる会社は成長するはずだから、その株を買おうと決めました。

そんな意気込みとは裏腹に、40万円という軍資金では買える株に限りがありました。

100株から買える現在とは違い、当時の売買単位は最低1000株。なかには2000株、3000株でないと買えない銘柄もありました。単元株よりも少ない単位で売買できる「ミニ株」の制度もありませんでした。

私は当時ファミコンが大好きだったので、これから伸びると信じた「任天堂」を買いたかったのですが、株価はすでに1株8000円の値をつけていました。1000株でも800万円のお金が必要になりますから買うことができず、泣く泣く諦めました。

『スーパーマリオブラザーズ』『ドラゴンクエスト』といった大ヒットシリーズが続々と発売され、任天堂は京都という地方都市の「花札」の老舗メーカーから、世界的なゲームメーカーへと変貌を遂げる過渡期だったのです。

私はもともと愛知県に住んでいたので、地元の有力企業を応援しようとトヨタ自動車の株を買うことも考えましたが、任天堂と同じようにトヨタ株も40万円では資金的に買うことができませんでした。

そこで自分なりに考えて目をつけたのが、海運株でした。

その頃の海運株は1株100～200円という銘柄が多く、1000株でも10万～20万円で買えました。

海運株に目をつけたのは、「日本は島国だから、モノを輸入するにも輸出するにも船がいる。トヨタだって、つくった商品を海外で販売するには船が欠かせない。日本経済がこれからも伸びるなら、海運株も上がるはずだ」というシンプルな理由でした。

海運株で最初に選んだのは、「日之出汽船」という海運会社（のちに日本郵船の100％子会社）。相場全体の好調とビギナーズラックもあってか、なんと買った翌日にストップ高となったのです。

次に選んだのは、「日本発条」という自動車のバネの会社でした。トヨタ自動車の株は買えませんでしたが、トヨタに部品を納めている会社の株なら買えるかもしれない。そう思って探し出したのが、日本発条でした。

世界の株式市場は、１９８７年10月に起こったブラックマンデーの落ち込みから回復基調にあり、日本経済と株式市場はバブル経済のピークへと向かっていました。

右肩上がりの景気の波に乗り、株価が安い銘柄へ投資する、いわゆる「低位株ブーム」が起こり、中学2年生に40万円で始めた資産は、あれよあれよという間に増え、中学３年生になった頃には３００万円にまで増えました。

買った翌日にストップ高という経験をしたこともあり、ビギナーズラックとバブル景気にすっかり酔い、「株というのは、こんなに簡単に儲かるものなんだ！」と有頂天になってしまった私は、学生の本分である学業をほったらかしにして株式投資にのめり込むようになっていったのです。

株式投資で累積利益4億円を達成

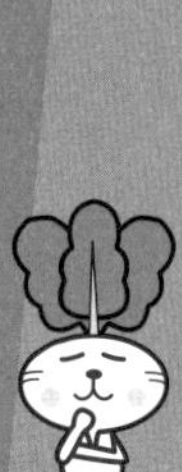

高校に進学した後も、株式投資漬けの毎日は続きました。

そして高校2年生になる頃、株式資産はピーク時には１５００万円にまで達していました。元手から40倍近くに増えて、当時高校生だった私もバブル経済の恩恵を受けられたことで、まさに有頂天の日々でした。

中学2年生で株式投資を始めてから、運良く資産を増やすことができた私は、専業投資家として生きてゆくことを目指して、大学進学には目もくれず独立独歩で投資家への道を歩み始めました。

1990年のバブル崩壊、1991年の湾岸戦争、1997年のアジア通貨危機、2000年のITバブル崩壊など、幾多の荒波を乗り越えて、2001年からは現在の投資スタイルである「バリュー株投資」を本格的に始めました。

バリュー株投資の詳細は本編で詳しく語りますが、簡単に言うと、**企業の本質的価値に比べて割安に放置されている銘柄に投資する手法です。**

このバリュー株投資が、私にはぴったりハマりました。

実際、2005年に30歳で株式資産3000万円に到達。2011年には1億円、2015年には3億円、2019年には累積利益が4億円を超えるまでになりました。

本書では、私が2001年から本格的に取り組むバリュー株投資を中心に語ります。

第1章では、バリュー株投資に至るまでの、紆余曲折を振り返っています。

すでに株式投資をやっている人で、バリュー株投資についてより詳しく知りたい方は、第1章を飛ばして第2章から読み進めていただいても結構です。

本書がきっかけとなり、株式投資を自分の生活習慣の一部として取り込むことで、資本主義社会の恩恵を受けながら、株式投資を楽しむ人が少しでも増えるとしたら、著者としては望外の喜びです。

KABU1000

第1章

かぶ1000流 投資スタイルの確立

地元の証券会社に入り浸る毎日

この章では序章に引き続き、私がなんとか一人前の専業投資家になるまでの歩みを振り返ります。

株式投資の魅力にどっぷりとハマった私は、高校に入ると毎日のように株式を売買する〝高校生投資家〟になっていました。

まだ現在のようにネット証券はおろか、インターネットもなかったので、私のような一般の個人投資家にとっては短波放送『ラジオたんぱ』（現・ラジオＮＩＫＫＥＩ）の株式情報がリアルタイムで情報が得られる唯一の手段でした。

ちょうどソニーから、学生服のポケットに入る小型の短波ラジオ受信機が発売されたので、それを早速購入してイヤホンを差し込み、高校の授業中もずっと聴いていました。

当時は、携帯電話もスマートフォンもありませんから、売買のタイミングが来たと思ったら、授業の合間の休み時間に学校内にある公衆電話まで走り、証券会社に電話して売り・買いの注文を出していました。

自分が買いたいと思っていた銘柄の値動きが大きい日は気が気でなく、授業どころではありませんでした。そういうときは迷わず学校をサボって、家族には内緒でこっそりと証券会社に直行していました。高校生としては失格の日々です。

中学生の頃は、うちの近所にある小さな証券会社に口座を持っていたのですが、高校生になってからは地元のデパート内にテナントとして入っている少し大きな証券会社に鞍替えしました。

高校生で証券会社に頻繁に出入りしていた私は、界隈ではちょっと知られる存在になっていました。

証券会社の社員たちとは顔見知りですっかり信頼されていたので、デパートの定休日には従業員入り口からこっそり入れてもらい、株式の情報が見られる端末を1人で独占して触らせてもらうこともできました。

パソコンで株価チャートを表示したものを印刷して持ち帰り、自宅で株の分析もしていました。まさに株漬けの毎日です。

そうこうして得られる情報量が以前より格段に多くなり、しかもほぼリアルタイムで株価などの変化が追えるようになったので、より機動的な売買ができるようになりました。

仕舞いには、証券会社に置いてある売買注文用のマークシートを自分自身で書いて、注文を出すまでになっていました。今から振り返ると、ずいぶん自由にさせてもらったものだと感謝しています。

高校生だからと大目に見てくれたのと、当時は売買手数料も今より高かったので、高校生ながらも手数料を落としてくれる顧客として見てくれていたからかもしれません。

高校2年生で株式資産が1500万円

高校生になると、四季報を自分で買って読むようになっていました。

私が中学2年生の頃に読み始めたのは、広告が入っていない表紙が真っ白な四季報。出版社から証券会社に配られるものです。

四季報は3か月に一度配られています。そのうち3か月前の古くなった四季報を私はタダで譲ってもらい、その後の3か月分の株価を調べて、チャートに自ら書き足して使っていました。

四季報を辞書のように縦横に使い倒すのは、私の株式投資の特徴の1つです（私が長年続けている四季報の活用法については、第4章で詳しく述べたいと思います）。

資金が増えてきたうえに、頼れる武器である四季報が活用できるようになったため、私の株式投資の幅も徐々に広がっていきました。

高校時代の頃はバブル経済の真っただ中ということもあり、株価も割高で今のようなバリュー株が存在しませんでした。配当利回りも低く、株主優待を実施している企業も少なかった（当時の株主優待は小売株、電鉄株、ホテル株などがメインでした）ので、利益の伸び率や株価の変動を四季報やチャートブックで細かく追いながら売買していました。

中学3年生で300万円まで増えた株式資産は、高校1年生で1000万円となり、高校2年生で1500万円に達しました。中学2年生で40万円を元手に株式投資を始めてから、わずか4年間で資産は40倍近くに膨らんだのです。

バブル景気による空前の株価高騰の恩恵を受けた、完全なビギナーズラックでした。

私が中学2年生で株式投資を始めた1年半後の1989年12月29日、1年を締めくくる東京証券取引所（東証）大納会で、日経平均株価は3万8957円44銭という取引時間中の史上最高値を記録しました。バブル経済の絶頂期です。

日経平均株価とは、東証第一部に上場する約1200銘柄（1989年当時）から、選ばれた225銘柄の平均株価です。

ところが翌年の1990年からバブル経済の崩壊の足音が徐々に大きくなり始め、日経平均はそれまでにないような下落基調に陥りました。

そんな中、小型株がメインの「日経店頭平均株価」、現在でいう「日経ジャスダック平均株価」は、日経平均が下落基調に転じた中でも上昇していることに気づき、投資先を店頭株に絞るようになりました。

私の投資先は、中学生までは東証に上場する銘柄が中心でした。ところが高校に入ってからは、四季報や証券会社に設置されている「ＱＵＩＣＫ」の情報端末が自由に使えるようになったことを生かして、株価も堅調で利益の伸びが大きい店頭株が取引の中心となっていました。

そのため、バブル経済の恩恵を受けて、高校2年までは一気に株式資産が増やせたのでした。

株で儲かったお金で隣の席の女の子に金貨をプレゼント

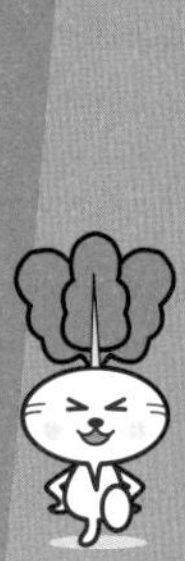

私が株式投資を始めた頃は、上場株式などの課税が原則非課税で（1989年3月以前）、有価証券取引税の0・55％のみでした。そのため利益の大半を手元に残すことができたのです（現在の株式譲渡益課税は20・315％）。

学生時代の私は、株を売って利益が出たら、それを証券口座に再入金するのではなく、必ず現金でもらっていました。お金が増えたことを実感できるからです。

学生ですから、大金が入ったからといって、豪遊するわけではありませんでした。せいぜい友達と食事をしたり、ボーリングをしたときにおごってあげたり、クラスの席替えで隣になった気になる女子に、お近づきの印に金貨をプレゼントしたりする程度でした。

唯一、機械式腕時計に興味があったのと、将来の値上がりも期待できそうだからという理由で、ロレックスだけは資産の1つとして買ってもいいかなと思いましたが、両親に打ち明けると「高校生の分際で、何を考えているんだ！」と叱られました。

今思えば、そのときに株式口座からお金を引き出してロレックスを買っていれば、株価暴落による資産の激減をいくらかはやわらげることができたのかもしれませんが、それも後の祭りです。

私が資産の一部として現物資産を持ったほうがいいと思い始めたきっかけの1つには、この頃の経験もあると思います。


高校生だった私がこれだけ利益が出せたのは、何よりも店頭株に投資している個人投資家が圧倒的に少なかったこともあると思います。

当時の店頭株は値動きも非常に大きく、株価も高い銘柄が多かったので、最低数百万円が必要な銘柄も多くありました。一般的に名が通ってない企業が多かったので、何をやっているかがわからない、見たことも聞いたこともないような銘柄も少なくありませんでした。わざわざそこへ投資する理由がなかったのです。

今なら会社のホームページなどで、「有価証券報告書」や「決算短信」を見ることができます。有価証券報告書は、年度ごとの本決算から3か月以内、決算短信は四半期（3か月）ごとに公開される投資家の貴重な情報源。どちらも金融庁のデータベース『ＥＤＩＮＥＴ』などでも読めます。

ところが、インターネットが普及する以前は、証券センターまで出向かないと、有価証券報告書や決算短信などを見ることはできませんでした。

私は証券会社の端末で、ある程度スクリーニングをして、投資候補となる銘柄を選び出してから、四季報で細かいデータをチェック。そのうえで学校をサボって証券センターまで足を運んで、店頭株の情報をコツコツ集め、これと思う銘柄に投資していました。

そこまでする投資家は当時、圧倒的に少数派でした。バブルの置き土産のような店頭株の値上がりの恩恵が得られたのは、私のように情報が得られる人だけだったでしょう。

学生時代の投資法は、1銘柄への集中投資。今から考えると決して褒められるようなやり方ではありません。

これだと思う銘柄に全額を投資し、売って利益が出たら次、それを売って利益が出たらまた次……という感じで資金を回転させ続けました。もし1つの銘柄を持ち続けたのなら、わずか3年そこそこで40万円から1500万円という株式資産は築けなかったでしょう。

しかし、今になって振り返ってみると、これは信号無視しながら、アクセル全開で自動車を猛スピードで飛ばしているようなもの。よく事故らなかったものだと思います。才能うんぬんではなく、タイミングが良く、運も良かったのでしょう。

歯車が1つでも狂えば事故っていたかもしれませんし、ましてや言わば借金してレバレッジをかけて投資する「信用取引」に手を出していたら、自己破産していた可能性すらあったと思います。レバレッジとは「テコ」という意味で、投資では他人資本を使って自己資本に対する利益率を高めることを意味します。

人生で訪れる3回のチャンスを1回でも掴めば金持ちになれる

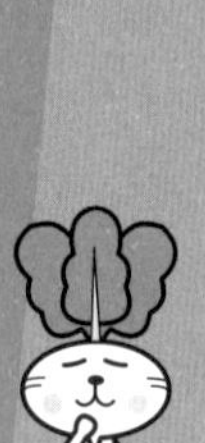

前述したように、私は高校生投資家として、地元ではかなり目立つ存在となっていました。当時、証券会社に出入りしているのは、おじいさん、おばあさんばかり。あの頃の個人投資家は、高齢者が中心だったのです。

高齢者に混じって高校生が投資している珍しさもあり、証券会社に出入りしているおじいさん、おばあさんたちは私を結構可愛がってくれました。

そのうちの1人に、ある資産家の紳士がいました。おじいさんと呼ぶにはまだ若いナイスミドル。あとでわかったことですが、不動産の売買が専門で、バブル期の土地転がしで50億円以上の資産を築いていたそうです。典型的な〝バブル紳士〟です。

1989年のある日、そのバブル紳士から「どんな株がいいと思う?」と尋ねられたので、私は「任天堂がいいと思います。私の学校では任天堂のゲームがブームになっているから、もっと伸びると思います。本当は私も買いたいのですが、お金がなくて買えません」と素直に答えました。

すると、バブル紳士は私の助言に従って任天堂の株を買い、のちに数千万円の利益を得たそうです。

そんな経緯もあり、そのバブル紳士にはとても可愛がられました。彼は競売物件の内覧に連れて行ってくれたり、不渡り手形の取り立て現場に立ち会わせてくれたり、普通の高校生では決してできない貴重な体験をさせてくれました。

あるときバブル紳士は、私にこう言いました。

「人生には、誰でも3回は大きなチャンスがある。そのチャンスを1回でもつかめたら、お金持ちになれるんだ。だからチャンスを決して逃してはいけないよ」

そんなチャンスをモノにするには、元手が最低でも1000万円はいるともアドバイスしてくれました。

「日本は資本主義の国だから、お金持ちがお金持ちになるようにできている。1万円の5%

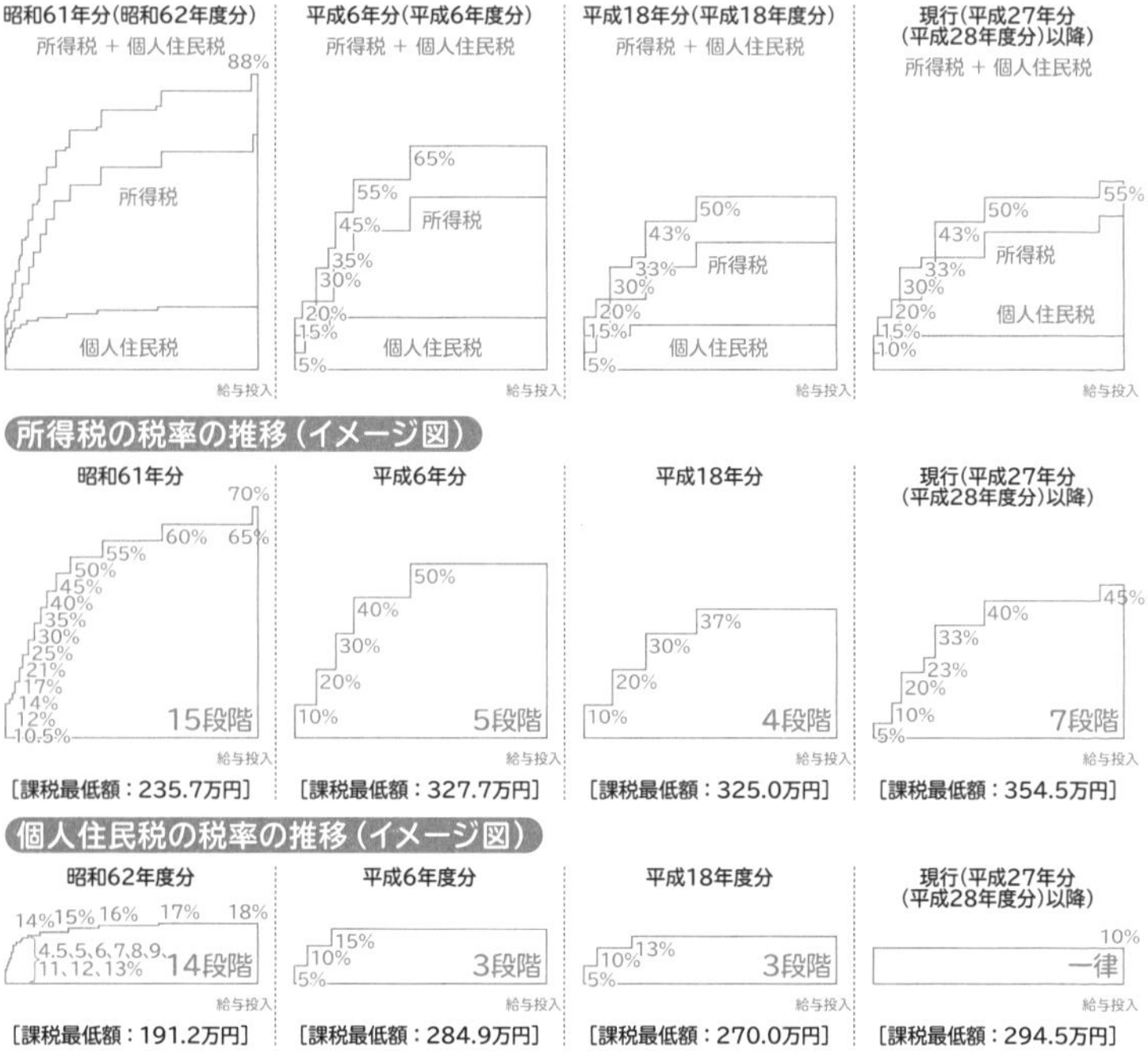

●ピーク時昭和61年分（昭和62年度分）は所得税＋個人住民税で最高税率88%だった

は５００円だけど、１億円の５%は５００万円。お金持ちになりたいなら、まずは１０００万円を自力で貯めなさい」と教えてくれたのです。

高校生だった私は、彼の言葉の真意を１００%理解できたわけではないと思います。それでも集中投資をしてまで、株式投資で１０００万円超えを狙ったのは、バブル紳士の言葉が胸に残っていたのが大きかったと思います。

バブル紳士は、高校生の私には縁遠い「税金」について

区分	概要	（参考）平成元年3月以来の制度
上場株式等	次の申告分離課税又は源泉分離課税のいずれかの選択 1. 申告分離課税 譲渡益に対し20%（住民税を含め26%）の税率により確定申告を通じて課税 ただし、上場等の日以前に取得した株式等を上場等の日以後1年以内に譲渡した場合は2.の源泉分離課税の選択を認めず、その株式の所有期間に応じて、次により課税 イ　上場等の日において所有期間が3年以下である場合 譲渡益全額に対して課税 ロ　上場等の日において所有期間が3年を超える場合 譲渡益の2分の1に対して課税 2. 源泉分離課税 譲渡代金の5%（転換社債は2.5%、信用取引はその差益）を所得とみなし、20%の税率により源泉徴収を通じて課税（住民税非課税）	原則非課税

●株式譲渡益課税の概要
平成元年（1989年）3月以前は原則非課税だった

も教えてくれました。

当時は個人に対する最高税率は、所得税＋個人住民税で最大88％（8000万円を超える部分）でした。一方で、前述のように株式譲渡益に関する課税は原則非課税（有価証券取引税の0・55％のみ）でした。

「同じ1億円の収入でも、個人の所得だと最高88％もの税金を取られてしまう。それに引き換え、株式投資で1億円儲かったら、有価証券取引税の0・55％のみ。どっちが得か分かるだろう？　大切なのは収入より最終的にいくら手元に多くお金が残るのかを考えることだよ」とアドバイスしてくれました。

この教えは、私が学校を出てから会社員の道を選ばず、専業投資家として独立する決断を静かに後押ししてくれたのです。

専門学校卒業後、証券会社への就職の誘いを断って専業投資家に

元手40万円で中学2年生から株式投資を始めて、高校2年生には株式資産が１５００万円に達していましたが、１９８９年に日経平均株価の終値が3万８９１５円87銭をつけてバブルの頂点を迎えた株価は、１９９０年に入って下落に転じました。

１９９０年8月2日のイラクによるクウェート侵攻後、株価は大暴落。私の株式資産もみるみる減り、あっという間に２００万円にまで激減してしまったのです。

このとき私は、「株はこんなにも急に下がるものなのか」と驚くと同時に、株式に関する知識や経験があまりに足りな過ぎることを実感しました。バブル紳士が言ったように、人生で3回訪れるチャンスを1回でもモノにするには、もっと株式について学ばなくてはならないと考えるようになったのです。

そこで私は高校卒業後、会計の専門学校に進学しました。理由は、会社の「貸借対照表（ＢＳ）」や「損益計算書（ＰＬ）」が読めなければ、企業の本質を示す財務内容が精査でき

ないと思ったからです。現在の株価が割高なのか、それとも割安なのかさえもわかりません。そのあたりの知識を得ようと考えたのです。

高校の優秀な同級生の多くは大学へ進学しましたが、私には大学に進むという選択肢はハナからありませんでした。お恥ずかしい話ですが、200点満点の英語の試験で9点しか取れなかったこともあります。

他に赤点を取っていた教科もたくさんあったので、高校卒業すら危ぶまれるレベルの学力だったのです。株式投資にうつつを抜かし、授業をまともに受けていなかったので、自分の学力で行ける大学も当然ありませんでした。

しかも私は、いわゆる〝団塊ジュニア世代〟。第二次ベビーブームで競争相手が多過ぎるため、大学の入試倍率が高く、どこにも入れる気がしませんでした。

学校の勉強は、まったく楽しみを感じられませんでしたが、専門学校での勉強は株式投資に直結する内容で、がぜん身が入りました。証券会社に入り浸り、サボりまくっていた高校時代とは大違い。サボる生徒も多いなか、授業は極力休まず出席して、ノートも丁寧に取りました。

この時代のノートは今でも株式投資をする上で重要な部分も多いため、いまだに大切に保存しているくらいです。

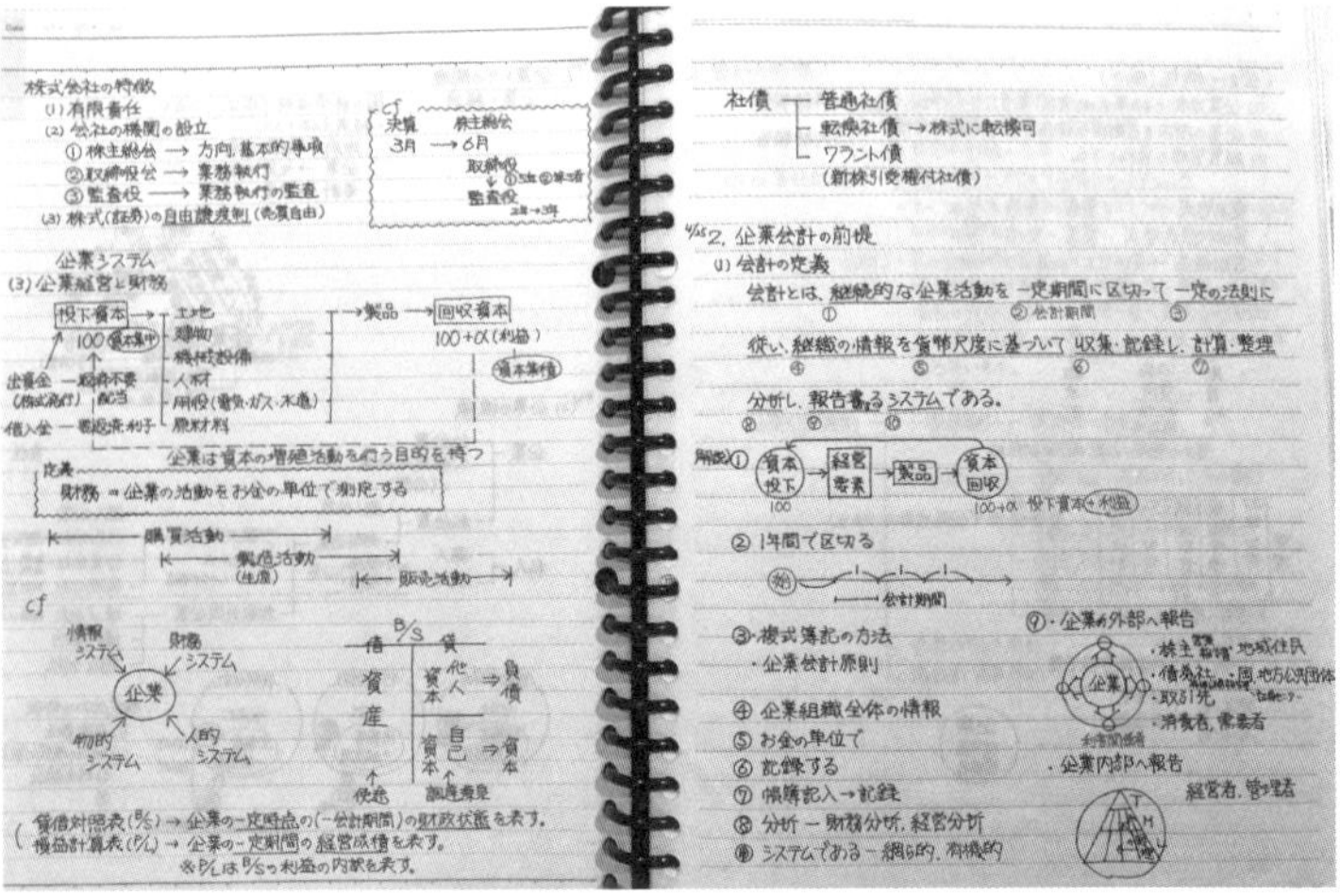

●専門学校時代のノート（実物）

また、自分にとって身近な存在である小売業の株にも投資したかったので、在学中に「販売士」という資格も取得しました。販売士とは、売り上げ向上のために商品の陳列方法などをアドバイスできる資格です。小売業に投資する際、販売士の目線で見てみると、伸びるところと伸びないところが見分けられるようになると思ったのです。

専門学校での学びは、今も投資に役立っています。大学に進まず、専門学校へ進むという選択をしたのは、私にとっては間違っていなかったと思います。

2年間の専門学校生活が終わり、就職活動の時期を迎えると、地場の証券会社数社から、「うちに来ないか」と就職の誘いを受けるようになりました。

私は地元の証券会社ではかなり目立つ存在で、株に関する知識や経験があったことも大きいと思います。しかも、彼らの大切な顧客であるおじいさん、おばあさんとも仲良くしていましたから、即戦力の営業として期待されたのでしょう。

通っていた専門学校は、より多くの学生を集めるために「就職率100%」とPRしていましたから、学校サイドからは証券会社や会計職への就職を強くすすめられました。でも、私はすでに専業投資家の道を歩むと決めていたので、気持ちは揺るぎませんでした。

証券会社に就職しなかった3つの理由

証券会社への就職を断った理由は、大きく分けて3つあります。

1つ目は、**証券会社の社員になると、株式投資が自由にできなくなること。**

日本証券業協会の定めにより、上場企業の株式の短期売買には制限がかかり、売買に関して会社の事前または事後の承認が求められます。私は株式投資が大好きでしたから、そんな足かせは我慢できませんでした。

しかも、会社勤めをしていると拘束時間が長くなり、株式投資に向き合う時間が少なくなります。スマホで好きなときに情報を得られる今なら、兼業のサラリーマン投資家の道を選ぶ道もあったと思います。でも当時は、スマホはもちろんネット自体が存在していない頃でしたから、兼業投資家はとても無理でした。

２つ目の理由は、**専門学校で得た知識で企業の損益計算書をチェックしているうちに、会社の売上総利益に占める人件費の割合が、会社によっては１〜２割のところがあると気づいたこと。**

証券会社に限った話ではありませんが、要するに会社勤めは、従業員が頑張って働いて稼いだ利益のうち、８〜９割を会社が取ることになります。百歩譲って半々ならまだしも、稼いだお金の８〜９割も取られるなんて、絶対にイヤだなと思いました。

もちろん、厳密には設備投資の資金や雇用を守らないといけないリスクを企業は負っているので、労働分配率が低くなるのは仕方ないことですが、当時は単純に割合だけで判断していました。

そのうえ給与所得には所得税がかかります。これは例のバブル紳士の教えです。

株なら、自分で稼げばすべて自分の利益になります。株の売却益にかかる税金もその頃はわずかでしたから、あってないようなもの。投資家を諦めて会社勤めを選ぶのは、私にとってはまったくメリットがないように思えたのです。

3つ目の理由は、**間近で証券会社の仕事のやり方を見ていて、「こんなふうに儲けていいのだろうか」という疑問をつねづね感じていたこと。**

昔の証券会社は、窓口にやってくる高齢者に、当時の私から見ても明らかにリスクが高く損をするリスクも高い、いわゆる「ハイリスク・ローリターン」の金融商品を販売していました。

言い方は悪いですが、手数料を稼ぐために知識のない高齢者を食い物にしていたのです。世間知らずの書生論に聞こえるかもしれませんが、そんなところで働くのは真っ平ゴメンだと（まだウブだった?）私は思ったのです。

両親としては、専門学校を出たら株ばかりやらずに、収入が安定している正社員になって働いてほしかったのでしょう。証券会社の誘いを断った3つ目の理由を話したら、「世の中、そんなキレイごとではやっていけないんだぞ！」と父親に怒られました。

それでも私の決意は、まったく揺らぎませんでした。

「アービトラージ」でどうにか糊口をしのぐ

専門学校を出てから、私は就職せず、専業投資家になりました。

ところが初めの数年、運用成績はパッとしませんでした。相場全体も低迷しており、儲けたり、損をしたりの繰り返しで、資産を大きく増やせずにいたのです。

その間、糊口をしのぐ手段になったのは「アービトラージ」。日本語で「裁定取引」と呼ばれているものです。

アービトラージとは、金利差や価格差を活用して、その差額である「利ざや」を稼ぐというもので、「サヤ取り」とも言われています。

さまざまな取引手法を駆使して市場が上がっても下がっても利益を追求する「ヘッジファンド」の投資手法として知られていますが、考えてみると私は小学校からアービトラージを実践していたのです。

小学生の頃、私は大好きだったファミコンのソフトをよく売り買いしていました。というのも同級生たちは、いろいろなファミコンソフトを持っており、学校で貸し借りをしていました。借りたものを返さないなどのトラブルが頻出したことから、とうとう学校側ではファミコンのソフトに名前を書かせるようになったくらいです。

実家が貧乏だったこともあり、私自身はファミコンソフトをほとんど買ってもらえませんでした。手元にあるお金は、ほぼすべて定額貯金に回していましたし、ファミコンのソフトを買うために定額貯金を下ろすという選択肢はありませんでした。

欲しいファミコンソフトは、自ら稼いで買うしかありません。そこで取り組んだのが、アービトラージだったのです。

ファミコンが大ブームになると、街中に中古ショップが次から次に登場しました。そんなお店を巡っているうちに、ある店では3000円で売っているファミコンソフトが、別の店では2500円で売られていることに気づきます。そこで安い店でファミコンソフトを買い、より高く買い取ってくれる店に売って、差額（利ざや）を稼いだのです。

小学4年生の夏休みには、ファミコンショップを自転車で20軒以上回り、お店の買取価格や販売価格をすべて把握し、1日で1万4000円のサヤ取りに成功しました。小学4年生にとっては大金ですから、今でも忘れられない成功体験となっています。

専門学校を卒業してから専業投資家として一本立ちできるまでの間、私はしばらく小学生時代の体験を活かしたアービトラージに励んでいました。

さすがにファミコンの人気は過去のものになっていましたから、対象としたのはお菓子のオマケの食玩や、カードゲームのレアカードなど。フリーマーケットなどで高く売れそうなものをいち早く見つけて安く仕入れ、高く買ってくれるコレクターたちに売却していました。その差額で生活費を稼いでいたのです。

また、不景気になると節約のために金券ショップが流行るようになりました。金券も地域によって価格差があったので、安い地域で買い、高く売れる地域のお店に持って行って転売していました。

その後、バリュー株投資に出合い、資産を順調に増やすことができました。でも、振り返ってみると、**バリュー株投資とは、私が小学生から続けていたアービトラージを、株式投資の世界でやっているようなものです。**

だからこそ、バリュー株投資は、すっと理解できたのです。慣れ親しんだ手法だったから、良い成績が出せたとも言えます。その意味で、アービトラージで過ごした数年間も、私の投資人生にとって無駄な時間ではなかったのです。

30歳で資産3000万円を達成する

私の投資家人生に大きな転機が訪れたのは、１９９７年のことでした。

この年の7月、タイの通貨「バーツ」の暴落に端を発したアジア通貨危機が起こり、連鎖的に世界同時株安に陥りました。当然、日本株も大きく売られ、東証一部で額面50円・１０００株単位で売買されていた銘柄が、額面に近い金額まで下がり、なかには額面の50円を切るような銘柄が１００社以上あったと記憶しています。

アジア通貨危機は、新興市場への世界的な不信感を高め、１９９８年のロシア通貨危機、１９９９年のブラジル通貨危機へと波及します。

日経平均は１９９８年10月、当時のバブル崩壊後の最安値を更新し、１万２８７９円にまで値を下げました。

２０００年3月に入り、日経平均は一時期2万円を回復しましたが、アメリカのＩＴバブル崩壊の煽りを受け、10月には1万５０００円を割り込み、２００１年8月には1万７１３円と1万円の大台割れ寸前まで下げます。そして２００１年9月11日、アメリカで同時多発テロが起こり、翌12日には9610円と、とうとう1万円を割り込みました。

アジア通貨危機以降、少しでも悪材料が出ると過剰なまでに売られる銘柄が目立っていました。

アービトラージと同じく、売られ過ぎたものを安く買い、市場が落ち着いて適正価格に戻る過程で売却して利益を得るという、その株の適正価格である〝フェアバリュー〟からのギャップが大きい銘柄に投資する手法を、この頃から取り入れ始めたのです。

1998年、松井証券が業界初となる本格的インターネット取引「ネットストック」をスタートさせました。私は2年ほど様子を見てセキュリティ面に問題がないことを確認して、2001年からネット証券を主戦場にするようになります。バリュー株投資を本格的に始めたのは、この2001年、当時の株式資産は600万円ほどでした。

スピーディに取引できるネット証券に移ってからは、投資効率は格段に良くなりました。手数料も大幅に安くなり、株の売買が低コストになったこともあり、運用成績も良くなっていきました。

2001年以降、当初目標に掲げたのは、株式資産3000万円の達成でした。3000万円あれば年率20%で600万円の利益になります。600万円あればサラリーマンの

年収としてはまずまずのレベルですから、そこを狙おうと考えたのです。

目標とした３０００万円を超えたのは、ネット証券に移行してから4年後の２００５年。私が30歳のときでした。

２０１１年に累積利益１億円を突破、２０１５年に３億円超え

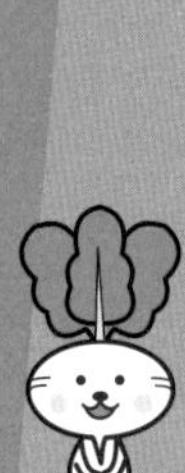

ネット証券での取引に軸足を移した２００１年からエクセルで日々の値動きを記録し始めて、２００３年からはＹａｈｏｏ！掲示板で、２００８年からはブログで情報発信を始めました。**そのときつけたハンドルネームが「かぶ１０００」。「ずっと株専業で行きたい」「株式投資で年収１０００万円稼ぎたい」という２つの想いを込めたネーミングです。**

このブログをきっかけとして、日本各地の個人投資家との交流が始まり、オフ会に参加する機会も増えてきました。そうした交流でさまざまな投資家の話を聞いているうちに、**「３０００万円で満足してはいけない。もっと上を目指さないとダメだ」**という気持ちが湧き上がってきました。

オフ会に参加している個人投資家の多くが、資産1億円を目指していましたし、実際に1億円以上の資産を築いていた投資家もいたからです。

今でこそ資産1億円を達成した投資家〝億トレ〟は大勢いますが、当時の私は株で資産1億円を築くのは、夢のまた夢でした。でも、それを実現している人を目の当たりにすると、もっと上を目指してみようと思えるようになったのです。

そのとき密かに思ったのは、**3000万円で満足していたら宝くじ長者に負ける**ということでした。

1989年に前後賞合わせて1億円を超えた宝くじの1等賞金は、この頃には前後賞合わせて2億円くらいになっていました。

宝くじを当てるには、スキルも経験も不要。運だけが支配する世界です。1等を当てた単に運のいい人に、20年近く株式投資を続けてきた自分が負けるのは、なんとなく悔しいと思ったのです。

3000万円で年利20%を維持し、複利の力を生かしてバリュー株投資を続けていけば、いずれ1億円に到達するだろうと考えました。その思惑通り、2011年には1億円を突破。2015年には3億円、2019年には累積利益4億円を突破しました。

ネット証券に移行して、２００１年から運用成績がマイナスとなったのは、リーマンショックの２００８年と、コロナ禍の２０２０年（12月1日現在）だけとなっています。

コロナ禍こそバリュー株投資を始めるチャンス

コロナ禍では多くの企業が大きな影響を受けて、株価は大きく値下がりしました。そのなかには、東日本旅客鉄道（ＪＲ東日本）や三菱地所といった日本を代表するような大企業も含まれています。

株式市場はつねに行き過ぎるものですから、本来の企業価値より遥かに安い価格まで株価が下落している銘柄もあります。そういったとき、私は投資チャンスだと考え、そうした銘柄を見つけては、せっせと投資をしています。

私はアジア通貨危機から始まった株式市場の下落局面で、割安な株を見つけるバリュー株投資を始めました。同じように、株価が下落している有力な銘柄が多く見つかる時こそ、バリュー株投資をスタートさせるにはちょうどいいチャンスではないかと考えています。

コロナ禍のようなピンチのときの対応には、企業の本質が垣間見えることがあります。それが投資するかどうか判断する基準として、貴重な判断材料になることもあります。

うちの近所にあるショッピングモールでも、コロナショックで閉店する店舗が増えたのですが、新規出店するところもありました。それは「スターバックスコーヒー」です。

おそらく時節柄、賃料を安く抑えられたのでしょうが、この時期にあえて新規出店をするスターバックスは、さすがだなと思いました。

さて、私のこれまでの投資家としての歩みとバリュー株投資との出合いを語り終えたところで、次章からいよいよ私の投資法について詳しく解説したいと思います。

KABU1000

第2章

かぶ1000流 バリュー株投資の基本

１冊の本が株式投資の神髄を教えてくれた

１９９７年のアジア通貨危機で日本株が大きく売られたとき、私は「これはひょっとしたら千載一遇のチャンスがやってくるかもしれない」と考えました。本質的な価値よりも、割安になった株が市場にあふれているように思えたからです。

一方、不安定な情勢がこの先どうなるのか、誰一人予想が立てられないような状況で、本当に株を買い続けていいのか、確信が持てない複雑な心境でした。

戸惑いながら投資を続けるうちに、１９９９年から先進国を中心としたＩＴバブルが始まります。

ＩＴバブルで私が割安だと思って投資した株は、あまり値を上げませんでした。値上がりはしたものの、バブル渦中のＩＴ企業に比べると値上がり幅は大きくなかったのです。

その後、２０００年にＮＡＳＤＡＱを中心としたＩＴバブルが崩壊し、その影響が日本にも及びました。高値をつけていたＩＴ企業の株価は軒並み暴落しましたが、私が投資していた株は大きく値上がりしなかった分、大きく値下がりもせず、底堅く推移しました。

その様子をじっと分析していた私は、カードゲームやファミコンソフトなどでやってきたアービトラージの手法が株式投資に使えるかもしれないと思い始めていました。

そのタイミングで出合ったのは、まさに運命を変える1冊の本。**ベンジャミン・グレアムの『賢明なる投資家』**という本です。

私は以前から図書館へ行くことが好きでした。勉強のために投資関連の本を借りたり、新聞や業界誌などを読み込んだりしていました。夏は空調が効いていて涼しかったですし、何よりタダでたくさんの本を読めるのが魅力的でした。そこで出合ったのが、2000年に日本語に翻訳された『賢明なる投資家』だったのです。

著者のベンジャミン・グレアムは、この本が翻訳されるまで日本ではほぼ無名でしたが、アメリカでは「バリュー株投資の父」と呼ばれる有名な経済学者です。世界的な投資家で大富豪としても知られているウォーレン・バフェットの師匠でもあります。

グレアムは1929年の歴史的なウォール街の大暴落と、それに続く世界恐慌で経済的に追い込まれた結果、健全な投資の研究を始めます。その集大成が、1949年に出版された『賢明なる投資家』で、もっとも広く称賛されている投資本の1冊となっています。

グレアムは、この本で大きく2つのことを述べています。

1つ目は、**債券の利回りと比較して、株のリターンがいかに高いかということ。**長期的な資産形成を図りたいなら、株式投資がいちばんだという点です。

2つ目は、**株式で長期的な資産形成をしたいなら、バリュー株投資がもっともパフォーマンスが良く賢明な方法であるということ。**そして画期的だったのは、以上の2つの点を豊富なデータから理路整然と分析していたことです。

この本を読んで感銘を受けた私は、株式投資でもアービトラージの手法が応用できるという自分の考えが間違っていないという確信が持てました。そこからバリュー株投資を極めるようになったのです。

私は安易に他人の真似はしませんが、グレアムだけは別格。この本からは非常に多くの学びがありました。

『賢明なる投資家』の初版がアメリカで出版されたのは、1949年。2000年の時点でも、51年も前の本です。

これだけ古い本だと、内容が古びていないかと不安になりそうなものですが、この本に書かれているのは時代が変わっても決して変わらない株式投資の基礎の基礎です。その当

一．投資とは、詳細な分析に基づいて行うものであり、元本を保全して、適切なリターンを上げることと定義する。この条件を満たさないものを投機と呼ぶ。

二．将来のことは分からないのだから、投資家は手元資金をすべてひとつのバスケットに入れてはならない。その安全で堅実な範囲を超えて冒険に挑んだ人々は、精神的に大きな困難を背負うことになる。

三．投資家と投機家の相違は、その人が相場変動に対して、どのような態度で挑むかという点である。投機家の関心事は、株価の変動を予測して利益を得ることであり、投資家の関心事は、適切な証券を適切な価格で取得し保有することである。

四．安全域の原則を確固として守ることによって、十分なリターンを得ることが可能である。安全域の原則は、割安銘柄に適応することでさらに明白なものとなる。割安銘柄は、株価がその株式の本質的価値よりも安い状態にあるわけであり、その差が安全域となる。

ベンジャミン・グレアムの投資哲学／賢明なる投資家より

ベンジャミン・グレアムの本でもっとも共感した部分
あまりにも素晴らしいので私の名刺の裏に印刷

時でも現在でも、その分析と理論は十分通用しています。

18・44m先のマウンドから投げられたボールを、バットで打ち返すというルールが変わらない限り、野球のバッティング理論はベーブ・ルースやタイ・カップの時代から、そう変わっていないはずです。

同様に、資本主義や株式市場のルールが大きく変わらない限り、グレアムの主張は色あせることはないのです。その証拠に、この本は現在でも版を重ねています。

アメリカにおけるグレアムの影響力は凄まじく、この本のおかげでアメリカの株式市場にはバリュー株はなくなったとされています。投資家たちがバリュー株を血眼になって探して投資したため、本質と比べて割安と評価できる株がなくなったのです。

ところが日本では著書が未訳のため、グレアムの本を読んでいる人が少なかったせいなのか、２０００年にバリュー株に注目している投資家はほんのわずかでした。

その後、２００３年ぐらいから日本でもようやくバリュー株のブームがやってきます。それより一足先にバリュー株投資を始めた私は、その恩恵を存分に味わえたのです。

日本株を買う外国人投資家が多いのは、アメリカ市場では見かけなくなったバリュー株が日本にはまだまだ残っているからということも大きいと思います。

経済も株式も少数派のほうが報われる

資産を短期間で大きく増やしたい個人投資家に人気なのは、バリュー株投資より「成長株投資」です。成長株投資は利益の伸びが大きく、株価の上昇が続く銘柄をいち早く見つけて投資する手法です。利益と株価が右肩上がりになる成長株のチャートを見ると、大きなリターンを期待したくなります。

私が実践するバリュー株投資で目標としているのは、年20％の利益です。それでも複利で投資を続けると10年後には6倍、20年後には38倍になる計算です。それよりも控えめな年10％の利益で計算しても、10年後には2.5倍、20年後には6.7倍になります。

それでも個人投資家が成長株投資に目が行きやすいのは、成長株投資がブームになっていること。それに何十倍、何百倍と株価が上昇した成長株が実際にあることから、その再現を夢見て成長株投資を選んでいる人が多いからだと思います。

新型コロナ対策で給付された特別定額給付金の10万円を元手に投資を始めるなら、年20％だと1年後に12万円、10年後に約62万円となります。短期的にもっと稼ぎたいと考える人には満足できない金額なのかもしれません。

忘れてならないのは、株式市場ではリスクとリターンはつねに表裏一体だということ。大きなリターンがあるなら、それだけリスクも大きいと考えるのが普通です。

成長株も、時価総額（株価×発行済株式数）が小さいうちに買っておけばリスクも抑えられますが、大きく値上がりした段階で買うのはその分リスクも高まります。行き過ぎた株価をつけた株は、いつか下落するものだからです。

実際、私はバブル崩壊、アジア通貨危機、ＩＴバブル崩壊、リーマンショックなどで、そうした事例をたくさん目の当たりにしてきました。

現在のアメリカの時価総額でアップルとマイクロソフトに次ぐ3位の座を占めるのが、アマゾン。株価は2020年12月1日現在3000ドルを超えていますが、20年以上前の1999年、ITバブル真っ盛りの頃の株価の最高値は107ドルでした。そのときに買って今まで保有し続けていれば、30倍以上になっています。

ところが、ITバブル崩壊後の2001年には、アマゾンの株価は15分の1以下の7ドルまで値を下げたのです。

仮に10万円分だけアマゾンの株を買った人なら、10万円が15分の1以下の6500円になっても、苦笑いで済ませられるかもしれません。でも、100万円分買った人が6万5000円になったら、93万円以上の損失になります。

もし信用取引でもしていたら、確実に破産です。そうでなかったとしても、すっかりメゲてしまい、アマゾンの株を持ち続ける気力もなくなっていたかもしれません。

私は2005年に株式資産3000万円を達成してから、6年かけて3.3倍の1億円になり、そこから4年かけて3倍の3億円、それから4年で4億円を達成しました。もっと短期間で稼ぎたい人にとっては、「時間がかかり過ぎる」と思うでしょう。

そのこともあってバリュー株投資を好む投資家は少数派なのですが、経済も株式も少数派のほうが、報われるようにできています。

誰もがいいと思っている銘柄には投資家が集中します。たとえば１００万円を1万人で分けた場合、1人当たりわずか１００円にしかなりません。ところが同じ１００万円でも、分ける人数が１００人だった場合、1人当たり1万円となり、前者と比べると１００倍の利益が得られるのです。

現在価値とのギャップに投資する

成長株投資とバリュー株投資の大きな違いは、「将来価値」と「現在価値」の違いにあるとも言えるでしょう。

成長株投資は、その企業の業績が伸びて将来価値が高まるという予測に基づいて投資します。バリュー株投資は、その企業の現在価値を調べ上げて、それに対して株価がどのくらい割安かを測って投資します。

株式市場に割安な株が存在している背景には、次のような理由があります。

私は専門学校時代、パチンコで稼いでいる同級生に教えてもらい、しばらく〝パチプロ〟として活動していた時期があります。パチンコは「期待値」を知るうえでとても勉強になりました。

パチプロで年収1000万円近くあった時期もありましたが、やはり株式投資のほうが面白いのと、パチンコは限りある人生の貴重な時間を売ってお金にしている気がして、スパッとやめてしまいました。


パチンコは、店全体の収支では必ず店側が儲かるようになっています。そうでないと、ビジネスとして続けられません。でも、台ごとに見ると、客側が儲かるものもあります。その台を求めて、パチプロは群がるのです。

パチンコ店に、出る台と出ない台があるように、株式市場でも上がる銘柄と下がる銘柄があります。ただし、株式市場全体で見れば、パチンコ店とは逆に期待値はプラスです。企業の成長により、株の価値が年々高まることで、株式市場は長期的に見れば右肩上がりを続けているからです。

なかには、日経平均のような指数に連動するファンドよりも高いパフォーマンスを叩き出す銘柄がありますす。そういった銘柄を見つけて買うのが、個別株投資の醍醐味でもあります。

成長株には、なんらかの原因で企業業績が落ち込むというニュースが出たとき、株価が大きく下落するものがあります。成長株投資は、企業業績が成長を続けることが前提であり、企業業績がもっとも重要な指標となるからです。

２０１９年末にその後のコロナショックを誰も予測できなかったように、どんなに調べたとしても企業業績を完全に予測することはできません。だから、成長株投資には、つねに高いリスクがともなうのです。

一方で、**バリュー株投資は、会社が保有する現金や不動産、有価証券といった現時点で企業が保有する資産を評価して投資をします。**

現金を潤沢に持っていたり、一等地の賃貸用不動産をたくさん持っていたりする資産持ちの企業なら、たとえ業績が一時的に大きく落ち込んだとしても、資産価値は大きく痛まないため、株価が暴落することはあまりありません。資産が潤沢にあるから、誰も会社が潰れるとは思わないからです。

バリュー株投資にもリスクはありますが、ローリスク・ミドルリターンであることが多く、仮に勝率が50％でも、負けが小さく、勝ちのほうが大きい投資を続けられたら、利益は積み上げられるのです。

成長株投資で稼いで〝億トレ〟になった方々のSNSでの情報発信が増えてきました。それは事実でしょうが、何も知らない個人投資家が、それをそのまま真似するのは危険です。そこには「生存者バイアス」がかかっているからです。

生存者バイアスとは、成功を収めた人だけを基準にすると本質を見誤るというもの。成長株投資で大損して市場から退場した人は、SNSで情報発信して傷口に塩を塗るようなことはしないでしょう。結局、情報発信をしている人が成功者ばかりになり、成長株はラクして手軽に儲けられるという誤解を与えやすいのです。

航海の安全を保障する神様には、祈願したおかげで嵐に遭わずに生還できた航海者から、多くの感謝が寄せられるでしょう。それを見ていると、「この神様には本当にご利益があるんだ！」と思ってしまいますが、死人に口無しで嵐に遭って生還できなかった航海者が、「この神様にご利益なんてないぞ！」と抗議する機会は永遠に訪れないのです。

「資産バリュー株投資」と「収益バリュー株投資」

バリュー株投資は、割安な株を買い、適正な価格に市場で評価される過程で売却して利益を得る手法です。

その企業の本質的価値と比べて、株価が不当に低く評価されているものを見つけて投資して、本質的な価値に近づいたら売却して利益を得るのです。

より具体的に言うと、**表向きの財務内容や規模、知名度などに左右されない本質的価値で、企業買収のプロが評価する「事業家的企業価値」（プライベート・マーケット・バリュー＝PMV）に注目しています。**

株式市場には、つねに買い手と売り手がいて、その需給バランスで株価が決まっています。株価は市場環境や景気の動向など、さまざまな要因で日々刻々と変動しているのです。

株価には、その企業の本質的価値以外のさまざまな要因が反映されています。もし本質的価値だけが株価に反映されているなら、株価は日々大きく変わらないはずです。

短期的には需給や投資家の心理によって株価が変動する傾向が強まり、長期的には企業のファンダメンタルズ（業績や財務状況）で変動する傾向が強まります。

バリュー株投資は現在価値と株価とのギャップに対して投資をするので、どちらかといえば中・長期目線での投資手法と言えます。

そのバリュー株投資には、「資産バリュー株投資」と「収益バリュー株投資」の２つがあります。

●資産バリュー株投資＝企業が所有する資産価値に対して、株価が相対的に低い銘柄を探して投資する手法

●収益バリュー株投資＝企業の収益力に対して、株価が割安な銘柄を見つけて投資する手法

そして、銘柄が割安かどうかを判断する指標として、「ＰＢＲ（株価純資産倍率）」と「ＰＥＲ（株価収益率）」が用いられます。株を少しでも知っている人ならお馴染みの指標ですが、株式投資初心者のためにそれぞれについて簡単に解説しましょう。

PBR（倍）＝ 株価 ÷ 1株当たり純資産（BPS）

「純資産」とは、企業の総資産から総負債を引いたもので、「株主資本」とも呼ばれます。あるいは、企業が解散した場合、株主に分配されることから、「解散価値」とも呼ばれます。

PBRは、株価を1株当たりの純資産で割った数値ですから、純資産に対して株価が「割高か」「割安か」を示します。単純に言うとPBR1倍以上なら純資産に対して割高、PBR1倍未満なら純資産に対して割安ということになります。

ざっくり言うと、PBRが低い銘柄を見つけて、会社の資産価値に対してどれだけディスカウントされているのかを調査して投資するのが、資産バリュー株投資です。

私が他の投資家と大きく違うのは、単純なPBRで比較するのではなく、「実質PBR」を重視していることです。実質PBRとは、表面的なPBRに、保有している資産を時価評価した際の簿価とのギャップである「含み資産」を加えたものになります。

そのうえで私は、どれぐらい割安かパッと見て分かりやすくするために「割引率」で見るようにしています。

実質PBRを「割引率」として見る

割引率 ＝（PBR−1）×100%

PBR0.5倍の場合　(0.5−1)×100% ＝ 割引率−50%

割引率の高い
おトクな銘柄を探す！

たとえば、実質PBRが0.5倍の会社なら割引率の計算式は（0.5−1）×100％となり、割引率はマイナス50％となります。つまり実質PBRが0.5倍の会社は、会社の純資産より50％割り引かれた評価ということになります。こうしてより割引率の高い、おトクな銘柄を探していくのです。

デパートやスーパーのバーゲンセールでは割引率が高いと歓迎されるのに、株式市場では株価が大きく下落すると歓迎されず、多くの投資家は逃げ出してしまいます。これは私に言わせると、実に奇妙な話なのです。

私は株式市場でも実際のバーゲンセールでも同じように考えます。株価が大きく下落したときこそチャンスでもあり、〝バーゲンハンター〟として積極的に株式を購入することができるのです。

次は、PERについて説明しましょう。

PERとは、要するに企業の利益に対して、株価が「割

PER（倍）＝ 株価 ÷ 1株当たり当期純利益（EPS）

高か」「割安か」を示すものです。PERの数値が大きいほど利益に対して株価は割高、低いほど利益に対して株価は割安ということになります。

上記の「当期純利益（EPS）」とは、1年間で企業が稼いだ純利益から法人税などを差し引き、最終的に残った利益のことです。

ざっくり言うと、PERが低い銘柄を見つけ、企業の利益（収益力）が高い銘柄に投資するのが、収益バリュー株投資です。

私が他の投資家と違うのは、PERをつねに「株式益利回り」として評価していること。株式益利回りは、PERの逆数（1／PER）です。

たとえば、PER10倍の会社なら、株式益利回りの計算式は（1／10）×100％となり、「株式益利回りは10％」となります。益利回りに置き換えることで、株式以外の金融商品である賃貸用不動産などの表面利回りや、国債、預貯金などの金利との比較が容易にできるようになります。

このうち私が得意としているのは、実質PBRを重視した資産バ

PERを「株式益利回り」として見る

株式益利回り＝（1/PER）×100%

PER10倍の場合

逆数（1/10）×100%＝株式益利回り10%

国債・預貯金などの金利や
不動産の表面利回りなどとの比較もカンタンに！

リュー株投資のほうです。

それには、次のような理由があります。

収益バリュー株で評価すべき企業の利益は、その1年間の業績次第です。たとえ今年は業績が良かったとしても、来年は悪化するかもしれません。

不祥事のように、企業固有の悪材料で収益が悪化することもあります。リーマンショック、東日本大震災、新型コロナ感染拡大のように、企業になんら問題がなくても、景気全体の悪化で収益が悪化するケースだってあります。今年は100億円の黒字だったのに、来年は100億円の赤字になることだって普通に考えられるわけです。

一方、資産は、その企業が所有している現金、株式などの有価証券、土地や建物などのことですが、いずれもこれまでの長い企業活動によって培ってきたものです。ある日突然、なんの前触れも理由もなく、資産が半分になったり、消滅したりすることは考えにくいでしょう。

より安全性を重視するという前提に立つなら、収益よりも資産をベースに考えたほうが、見通しが立てやすい分だけ確実性は高いと言えるのです。

「株主資本の成長」をもっとも重視する

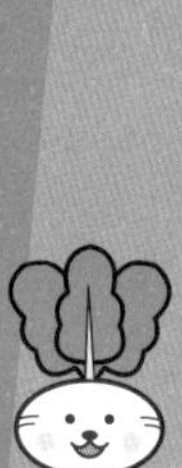

純資産（株主資本）のおもな中身は、「資本金＋資本剰余金＋利益剰余金」です。

「剰余金」というのは、企業の利益から、株主に配当を払った金額を引き、次の年に繰り越される分のお金です。利益剰余金は「内部留保」とも呼ばれます。

私はこの株主資本が、前期と比べてどのくらい増えたかを「株主資本成長」として重視しています。株主資本の成長が大きい銘柄ほど、資産バリュー株投資の対象となります。

利益の浮き沈みが大きい企業よりも、毎期着実に利益を出し続けている企業のほうが、株主資本は安定的に成長する傾向があります。

株主資本（純資産）＝資本金＋資本剰余金＋利益剰余金

純資産の部		
株主資本		
資本金	33,251	33,251
資本剰余金	32,806	32,806
利益剰余金	67,643	64,607
自己株式	△7,587	△7,587
株主資本合計	126,113	123,076
その他の包括利益累計額		
その他有価証券評価差額金	61,529	78,640
為替換算調整勘定	723	670
その他の包括利益累計額合計	62,252	79,311
純資産合計	188,366	202,388
負債純資産合計	222,059	240,441

「その他有価証券評価差額金」が前期と比較して171億1100万円（78,640－61,529）増加しているため、その分、株主資本が成長したと見ることができる。

ジャフコ（8595）決算短信より

さらに株主資本の成長を見るうえで、もっとも重要なのは、先ほど解説した利益剰余金だけを加えるだけでなく、保有する資産（賃貸用不動産や株式などの有価証券）の増減額も加えて考えることです。

たとえば、株式などの有価証券を多く持つ会社の場合、決算短信の「その他の包括利益累計額」にある、「その他有価証券評価差額金」が前期と比べて増えているか減っているかを見ることで、保有する有価証券の評価が上がっているか下がっているかを見ることができます。

その他有価証券評価差額金とは、その会社が保有している株式や債券などの有価証券を時価評価したときの差額を金額で示したものです。簡単に言うと、**この金額が大きければ大きいほど、保有する有価証券の含み益が大きいことを示しています。**

その他有価証券評価差額金は四半期決算ごとに開示され

（単位：百万円）

	前連結会計年度 （自 2018年4月 1日 至 2019年3月31日）	当連結会計年度 （自 2019年4月 1日 至 2020年3月31日）
賃貸等不動産		
連結貸借対照表計上額		
期首残高	3,480,147	3,408,738
期中増減額	△71,408	94,021
期末残高	3,408,738	3,502,759
期末時価	6,953,534	7,356,741

●賃貸用不動産の連結貸借対照表計上額と期末時価との差額が、前期と比較して3091億8600万円（7,356,741−3,502,759）−（6,953,534−3,408,738）増加しているため、その分、株主資本が成長したと見ることができる。

三菱地所（8802）有価証券報告書

るので、1年に4回チェックすることができます。とくに株式などの有価証券を多く持つ企業の場合、この項目は要チェックです。

また賃貸用不動産を多く持つ会社は、本決算のときの決算短信や有価証券報告書の「賃貸等不動産関係」を見ると、賃貸用不動産の連結貸借対照表計上額と期末時価との差額が開示されています。

この差額が大きいほど保有する賃貸等不動産の含み益が大きいことを示しています。賃貸等不動産関係は年に1回本決算のときに開示されるので、賃貸用不動産を多く持つ企業の場合、この項目は要チェックです。

●株主資本成長＝（株主資本＋純利益＋その他有価証券評価差額金増減額＋賃貸用不動産含み損益増減額）

資産バリュー株投資の3つの視点

資産バリュー株投資で見るべき「純資産」には、おもに**「現金及び預金」「有価証券」「賃貸用不動産や土地」**の3つがあります。これらを1つひとつ見ていきましょう。

●現金及び預金

企業が所有している現金や銀行に預けている預金。定期預金の場合、貸借対照表（有価証券報告書に付帯）では「投資等その他」に計上されています。現金及び預金が「総負債」より多ければ、不況や外部環境の変化にも強く、資金的に余裕があると評価できます。

●有価証券

有価証券とは、株式、国債、社債などを指しますが、ここでは株式を主とする投資有価証券をメインにしています。投資有価証券には「上場株」と「非上場株」があり、

なかでも注目したいのは上場株。とくに自社の時価総額以上の株式を持っていたら、その銘柄は資産バリュー株投資の対象となります。私が現在所有している銘柄では、「昭栄薬品」（東証ジャスダック・3537）が、その好例です（116ページ参照）。昭栄薬品は、花王（東証一部・4452）の株式を約69万株所有しています。昭栄薬品の時価総額は保有する花王の評価額よりも割安のため、花王の株式を直接買うのではなく、昭栄薬品の株式を買ったほうが、おトクということになります。

賃貸用不動産や土地

不動産業を営んでいなくても、遊休地の活用や会社全体の収益向上のために賃貸用不動産を所有している企業があります。なかでも、一等地で「簿価」が安く、含み益がのった不動産を持っている場合、その銘柄は〝お宝銘柄〟の可能性があります。簿価とは、「帳簿価格」の略で、購入したときの値段で計上されています。設立が古い会社は非常に低い簿価のままになっている土地を持っている可能性もあるため、調査してみる価値があります。

投資する際には、これらの純資産の内容をよく精査します。

PBRは小さいほど割安

PBR0.4以上0.5未満 ＝ 割安

PBR0.3以上0.4未満 ＝ 超割安

PBR0.3未満 ＝ 激安！

一般的にＰＢＲは小さいほど割安で、私自身は「ＰＢＲ0.4倍以上0.5倍未満が割安」「0.3倍以上0.4倍未満が超割安」「0.3倍未満は激安」と分類しています。

注意が必要なのは現金や有価証券のように、換金性の高い純資産を多く持ち、総負債が少ない企業です。この場合、ＰＢＲが0.5を超えていても割安な場合もあります。

逆に純資産の内容が、在庫や工場、機械など換金性が低く、売却が難しい資産が多い場合は、ＰＢＲが0.5以下でも割安とは言えないこともあります。

たとえば、紳士服の製造・販売を行う青山商事（東証一部・８２１９）の株価は、２０２０年12月１日時点で右肩下がりのトレンドがずっと続いています。青山商事のＰＢＲは0.2未満ですから、それだけ見ると激安であり、８割引のシールが貼られているようなものです。

でも、青山商事の業績は新型コロナの影響と、テレワークの普及から主力のスーツの売り上げの回復が弱く、２０

21年3月期は大幅な赤字となる見込みとなっています。赤字になると株主資本も減少してしまうので、株価が横ばいでもPBRは上昇します。赤字が継続している企業の場合は、いくらPBRが低くても投資する際は注意したほうが良いのです。

注意しよう！

- 換金性の高い純資産（現金や有価証券など）が多い&総負債が少ない＝「PBR0.5超」でも割安なケースも
- 換金性の低い純資産（在庫や工場、機械など）が多い＝「PBR0.5以下」でも割安とは言えないケースも

現在の株価からチャートに横線を引いてみる

資産バリュー株投資では、「純資産」を評価すると同時に、株価の位置も重要になってきます。

純資産の中身がいくら良くても、株価があまりに短期間で急騰していたら、バリュー株

投資の対象にはなりません。株価が高過ぎるときに買うと、下落リスクをともなってしまうからです。

株価の割安度を評価する第一のポイントは、「株価の位置」を見定めること。

現在の株価だけを見ていても、その企業への投資が妥当かどうかはわかりません。過去に遡って長い視点から、現在の株価の位置を見て「割高か」「割安か」を評価していきます。

無料で使える「Ｙａｈｏｏ！ファイナンス」「Ｋａｂｕｔａｎ」などで検索すると、知りたい銘柄の株価の推移が過去まで遡れます。可能な限りたどってみましょう。

私は長期的に見た株価の位置を知るために、なるべく長い期間のチャートを使って遡れるだけ遡ります。とくにバブル期以降の推移が大事なので、土地バブルが始まったとされる１９８３年まで遡ったり、優良な上場企業が多く誕生した１９７０年代、中には１９４９年まで遡ったりすることもあります。

１９４９年といえば終戦直後の混沌期で、その後長期にわたって高度経済成長が始まるスタートの年でもあります。また１９７０年代は、１９６４年に開催された東京オリンピックから10年が経ち、２度のオイルショックで経済が混迷したのち、そこから80年代末のバブル経済まで、日本は再び経済成長を始める時期です。

また、現在の日本経済界の中核を成すような企業が登場を始めた年でもあります。セブン‐イレブン・ジャパンが東京・豊洲に第1号店を開き、超優良企業のキーエンス（東証一部・6861）が創業したのが1974年です。

過去から現在までの株価チャートを出したら、まずは現在の株価から水平方向に横線を引いてみます。

わずか数年の変化を追うだけだと、一時的なブームを反映した株価の推移に目を奪われるだけで、本質を見誤る恐れがあります。その点、1974年、1983年と40年前後も遡った時点からの株価の変遷には、その企業の本質的な価値が反映されていると私は考えています。

1949年以降に上場した企業であれば、上場以降の全年にわたる株価チャートを参考にします。テクニカルなどのチェックをするためではなく、あくまで現在の株価の位置が、過去の株価推移から見てどの位置にあるのかを確認するためです。

現在の株価を基準に横線を引いたら、その上の面積と下の面積を比べて評価します。横線より上に占める割合が多い銘柄の場合は、多くの投資家が含み損を抱えた状態にあることを示しています。

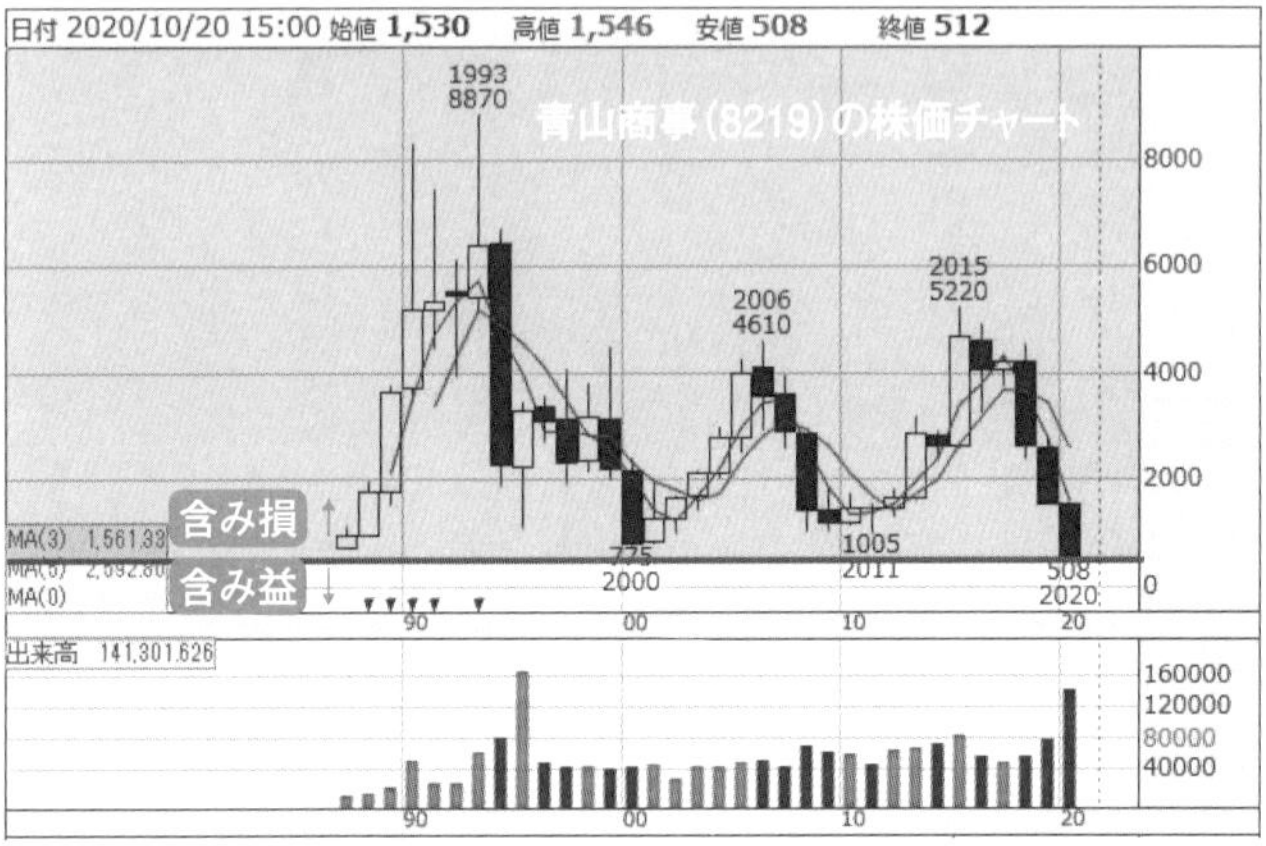

●直近は株価の下落傾向が続いているため、現在の株価から引いた横線よりも上の面積がほとんどで、過去のどの段階で買っても含み損を抱えることを示している。

逆に横線より下に占める割合が多い銘柄の場合は、多くの投資家が含み益となっている状態にあることを示しています。

格安ワークウェアブランドのワークマン（東証ジャスダック・７５６４）や１００円ショップを展開するセリア（東証ジャスダック・２７８２）の株価は、ともに右肩上がりのトレンドが続いています。現在の株価から引いた横線より下の面積が広く、どの段階で買っても含み益が得られることになります。

アメリカのＧＡＦＡ（Google、Apple、Facebook、Amazon）も、このパターンです。

初心者は、株価の動きに逆らわず、上昇トレンドまたは下落トレンドに乗るトレンドフォロー（順張り）をしたくなりますが、

現在の株価から引いた横線よりも下の面積がほとんどで、過去のどの段階で買っても含み益になっている投資家が多いことを示している。

チャートで現在の株価の位置を捉えたら、トレンドが生じている理由を自分なりに考えてください。

自分の頭で深く考えずに、トレンドを追いかけるだけの投資は大きなリスクをともないますから要注意です。

①1949年以降に上場した企業は、可能な限り株価チャートを遡り、現在の株価を起点に横線を引く

②横線より上の面積のほうが広ければ含み損を抱えた割合が多く、下の面積のほうが広ければ含み益が乗る割合が多いと判断

右肩下がりや右肩上がりといった同じトレンドが続くのではなく、レンジ内で株価が上下を繰り返している銘柄もあります。

長期的に見ると株価は上昇してないという見方もありますが、私自身は、そういう銘柄が嫌いではありません。なぜなら、過去の株価変遷を振り返ってみて、良い材料・悪い材料に対する株価の反応がある程度予想できて、上限・下限が決まったゾーン内に収まっている場合、株価が下限に近づいたときに買い、上限に近づいたら売るというシンプルな投資ができるからです。

景気敏感株（いわゆるシクリカル銘柄・シクリカルとは「循環的な景気変動」の意）に、こういった動きをする銘柄が多い傾向があります。単純に景気が良くなって、業績が良くなれば株価は上昇。逆に景気が悪化し、業績が悪くなったら株価が下落するというわけです。

ただし、言うほど簡単ではなくて、シクリカル銘柄の特徴は業績がピークを打つタイミング、業績がボトムをつけるタイミングより、半年から1年前ぐらい先行して株価が動くことが多いのです。そのため、慣れるまでは「業績が好調なのに、なぜ株価が上がらないんだろう」とか「業績が悪いのに、なぜ株価が上がっているんだろう」という疑問が起こりがちです。

これらの問題も過去の業績と株価の推移を見ることで、銘柄ごとのクセを見抜くことが大切になってきます。

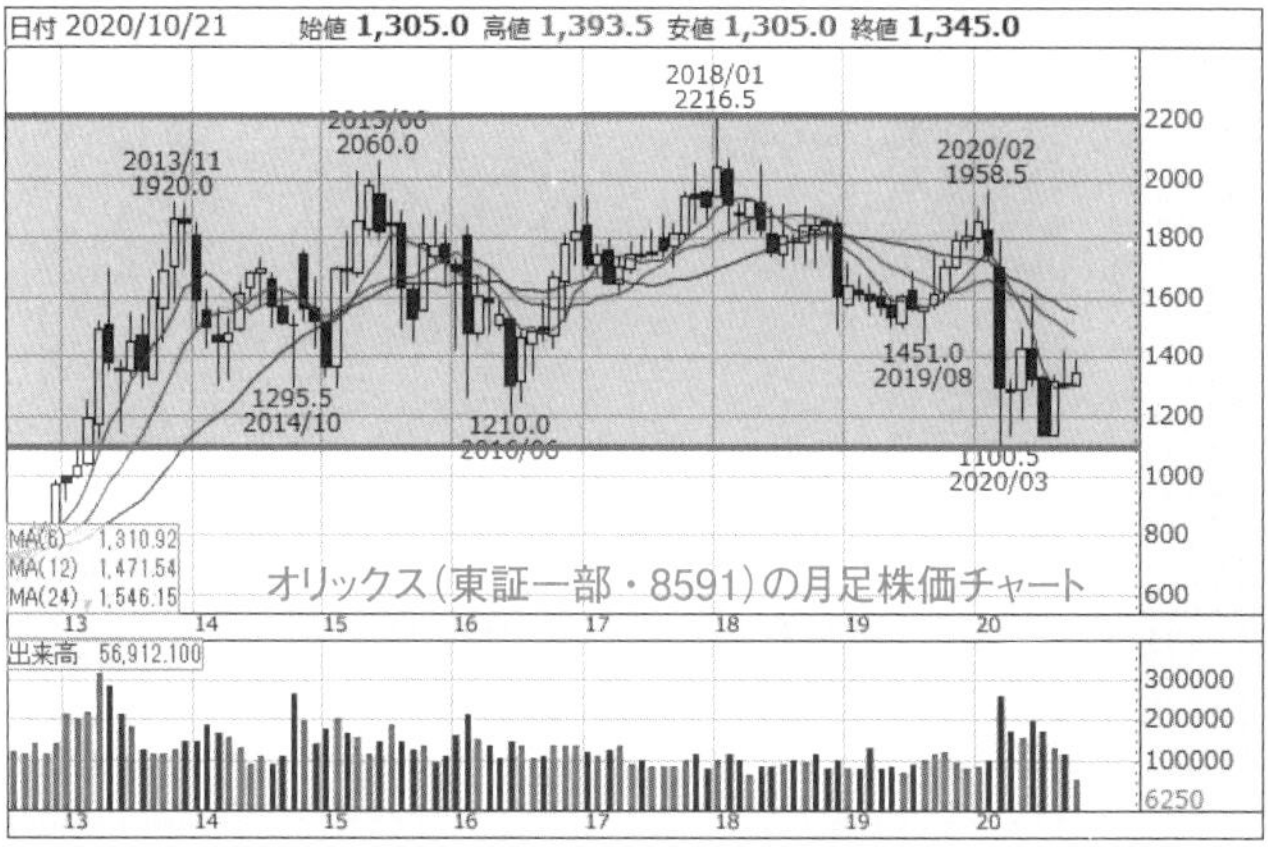

●ここ7年ぐらいは、1100～2200円のレンジ内で株価が推移していることがわかる。業績や資産内容に大きな変化がなければ、下限に近づいたら購入し、上限に近づいたら売却することで利益を狙う。

株価が長期間にわたりレンジ内の銘柄の場合

●株価の上限・下限の範囲がある程度決まっているので売買のメドが立てやすい

●好材料・悪材料の株価への反応がある程度予想可能

●何度も同じ銘柄を売買することで銘柄特有のクセを利用することができる

――以上のことから株価が下限に近づいたら買い、上限に近づいたら売るという投資戦略が成り立つ

私は、株式投資は「どれだけ儲けるか」を追求するよりも、「どれくらい損を減らしてリスクを抑えられるか」が重要だと思っています。

株価が2倍、3倍になるかもしれないけど、大きく下がるかもしれない銘柄への投資は、株価の変動率が大きい傾向にあるため、株価の値動きにばかり目を奪われてしまう可能性があります。

逆に株価の変動率が小さく、派手さはないけれど、着実に資産を積み上げる企業のほうが私は好みです。

大きくは上昇しないかもしれないけれど、市場平均よりは上、逆に大きくは下落しないかもしれないけれど、市場平均よりは下。こういった銘柄を複数保有することで、市場平均より結果的に高いリターンを得ることができるのです。

下降トレンドの銘柄に宝の山が眠るケース

現在の株価から引いた横線より上の面積が広く、多くの投資家が含み損を抱えた状態で、業績が伸びていない銘柄でも、少しでも良い材料が出たら株価が上がることもあります。

株価は、投資家の期待や不安から、上にも下にもつねに行き過ぎるもの。悪い材料が出ても、株価の下落傾向が続く銘柄ではある程度想定内ですが、良い材料が出ると想定外に株価が上がりやすいのです。

先ほど触れたワークマンやセリアのように上昇トレンドが続いている銘柄では、ちょっと想定外の悪い材料が出ると、過敏に反応して株価が下ぶれする恐れもあります。

このように銘柄によって、想定外の良い材料・悪い材料が出たときの〝感度〟の違いを見極めることも重要です。

遡れる限りの過去から現在までの長い時間軸で株価の変遷を見ていくと、その間に良い材料・悪い材料が出ていることがあります。そのときの株価の反応を、チャートから読み取ることも大切なのです。

その際、チャートの「ローソク足」の形状を見ることも役立ちます。

ローソク足は、「始値」「終値」「安値」「高値」という四本値を、ローソクのような長方形に表したテクニカル指標です。ローソク足は実は日本発祥のものと言われていて、江戸時代に世界初の先物取引とされる大阪の堂島米会所で、当時米商人だった本間宗久が考案したとされています。

ローソク足の形で株の値動きがわかる

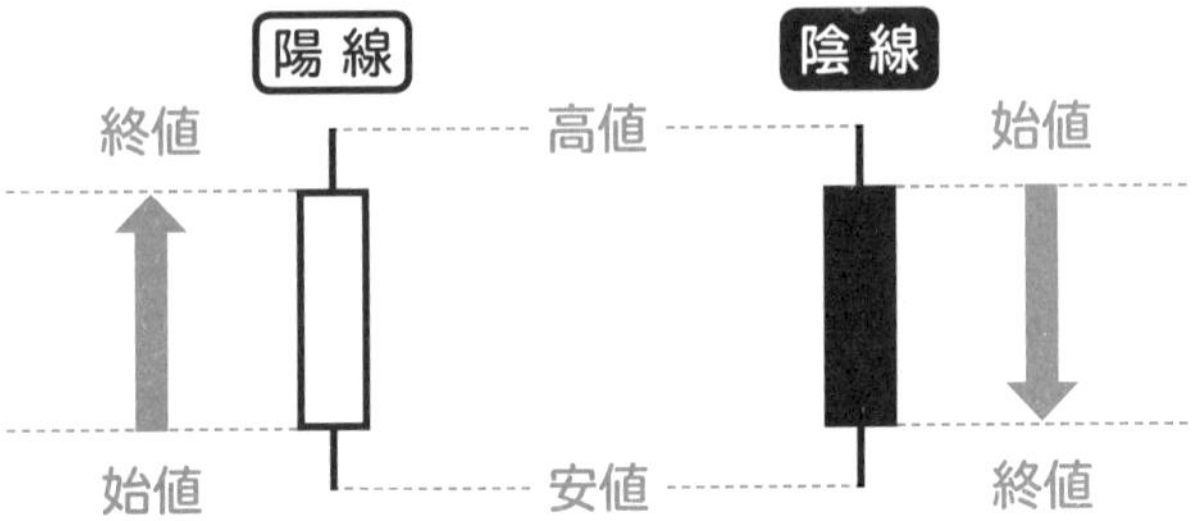

●始値……………………その期間の最初に提示された値段
●終値……………………その期間の最後に提示された値段
●高値…………………その期間内で一番高く提示された値段
●安値…………………その期間内で一番安く提示された値段

ローソクの胴体が縦長になり、いわゆるローソク足が長いときは、株価の「ボラティリティー」が大きいときです。ボラティリティーとは、株価の変動率のこと。これが大きいときは、株価が上にも下にもブレやすいので、リスクが高いと言えます。

前述のワークマンは、ローソク足が長く株価のボラティリティーが高いので、大きく儲かる可能性もあれば、大きく損する可能性もある銘柄です。

これと対照的に青山商事は株価の下落傾向が続き、徐々にローソク足が短くなりつつあるため、ボラティリティーが低くなりつつあります。それゆえ大きく損をする可能性も低くなりつつあり、投資する好機が近づいているとも言えます。

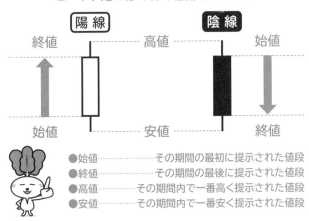

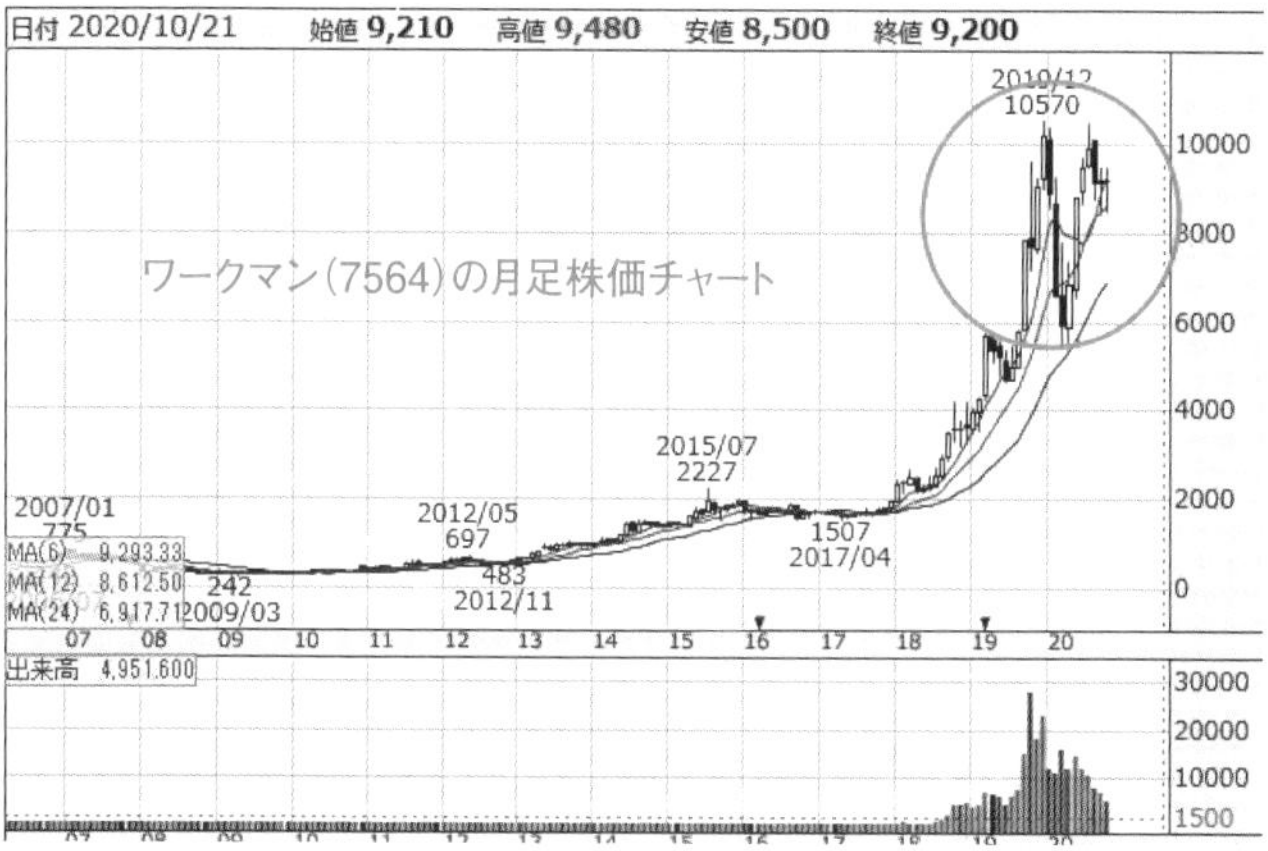

●ローソク足が長くボラティリティーが高いため、大きく儲かる可能性も大きく損する可能性もある。

私が好きなのは、右肩下がりのトレンドが延々と続いて、ローソク足も短くなり、それ以下に下がる余地が少なくなっているような銘柄です。

スーパーで売られているお弁当にたとえるなら、夕方に正価から半額になり、それでも閉店間際まで売れ残って8割引になっているような銘柄です。

8割引まできると、それ以上価格が下がる余地がなくなってきます。あとはお弁当の中身、バリュー株投資でいうなら「純資産」の内容が大切です。お弁当の中身にたとえるなら、自分の嫌いな食べ物が一部入っていて残した（単なるたとえ話ですから、フードロスの話は脇に置いてください）としても、8割引なら買いかもしれません。

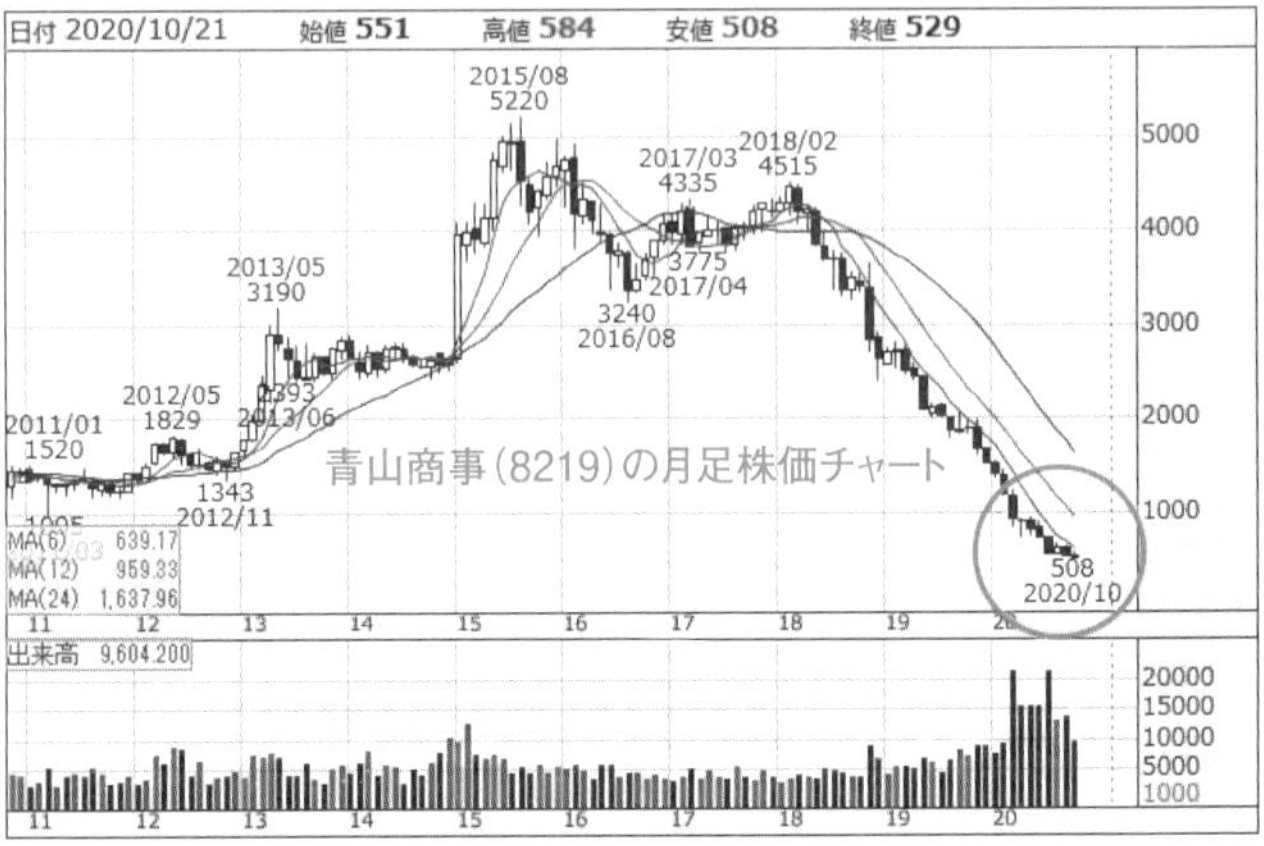

●ローソク足が短くなりつつあるためボラティリティーが低く、大きく損をする可能性は低くなりつつある。

しかも、こういう銘柄には、もう投資家は株価上昇を期待していません。注目する投資家が少数派だからこそ、「誰よりも安く買う」というバリュー株投資の対象となるのです。

すでに十分に高く評価されている株の場合、そこから株価がさらに2倍、3倍になるためには、誰もが驚くような好材料が必要になってきます。ところが、株価が低迷していて投資家が全員そっぽを向いているような株の場合、わずかな好材料が出るだけでも大きく見直される可能性があります。

逆に悪材料が出ても「ああ、またか」とか「やっぱりね」という具合にすでに見放されている場合、もう株価も下落する余地がなくなっている場合が多いのです。

このように下がる余地が少なく、戻ったと

きのリバウンドの大きい銘柄は狙い目です。

鉄鋼業界のように景気の変動に影響されやすい「シクリカル（循環）銘柄」は、コロナ禍のように景気が悪いときには、どの時代よりも安値になります。鉄鋼は完全な斜陽産業であり、つねに8割引のシールが貼られているお弁当のような状態です。

これから鉄鋼業界が伸びると考える投資家は圧倒的な少数派だからこそ、狙い目。そのなかで資産の内容が良く、新しいアイデアで斜陽の時代を生き抜く実力を秘めた企業があれば、バリュー株投資の絶好の対象となります。

一度ダメになった銘柄が、まさかのリバウンドで復活を遂げるケースを、私はこれまでたくさん見てきました。

鉄鋼業界ではありませんが、かつて名古屋証券取引所セントレックスに上場していた日本商業開発（現在は東証／名証一部・３２５２）という企業があります。

この企業は、「ＪＩＮＵＳＨＩビジネス」という独自の手法により、「事業用定期借地権」を用いた不動産投資を得意としていますが、一時期大きな赤字に転落しました。

そのとき偶然、「名証ＩＲ ＥＸＰＯ」というイベントで日本商業開発のブースが出展していたので、取締役の方と1時間以上お話しし、赤字に陥った要因や今後の事業展望などについて伺い、これ以上業績が悪化しないという確信が持てたので購入を決めました。

当時、株価も低迷しており、時価総額もわずか3億円程度で、流動性も非常に悪かったのですが、数か月かけてコツコツと購入していきました。

その後、予想通り業績は黒字に転じ、株価も大きく上昇しました。株価が上昇する過程で少しずつ売却していき、株価が10倍になったところですべて売り切り、私にとって初の「テンバガー」銘柄となりました（ちなみに、その後も株価は上昇し続けて最高３００倍までいきました）。

ただ、そうした銘柄は数年以上、さらなる低迷が続く確率もゼロではありません。それに鉄鋼業界のようにチャートの変動のサイクルが大きく、下がってから復活するまでに時間がかかり過ぎる場合、それまで待てないこともあるでしょう。

そこは臨機応変に対応していく必要はあります。

「横」「縦」「市場」の比較で割安度を評価

ＰＥＲの場合も、単純に「ＰＥＲが低い＝割安」とはなりません。

割安がどうかを判断するには、**「横の比較」「縦の比較」「市場の比較」**が欠かせないのです。

横の比較とは、現時点での比較。異なる業種間、同じ業種内で比べます。

業種には、「情報・通信業」「機械業」「鉄鋼業」「小売業」「サービス業」などがあります。業種だけではなく、株価やテーマといった特性で分ける便宜上のグループを「セクター」と呼びます。

業種が異なれば、標準的なＰＥＲも異なります。たとえば、重厚長大の鉄鋼業のような成熟産業のＰＥＲは、市場平均のＰＥＲよりも低くなり、割安に評価されています。

これと対照的に、サービス業やソフトウェアのような、いわゆるＩＴ業界のＰＥＲは、市場平均よりも高く、割高に評価されています。

ＰＥＲは、業界全体が成熟すると下がりやすくなり、伸び盛りのときには上がりやすくなるのです。

各市場平均・業種別の平均ＰＥＲ・ＰＢＲは、日本取引所グループ（ＪＰＸ）のホームページで毎月発表されています（「規模別・業種別ＰＥＲ・ＰＢＲ（連結・単体）一覧」www.jpx.co.jp/markets/statistics-equities/misc/04.html）。

一般的にバリュー株投資は、平均PERが低い業種への投資を考えます。PERが高い業種はすでに期待されているので、それ以上に株価が上がるかどうかわからないからです。

ところが、異なる業種で比較すると、割安かどうかの基準が変わります。

仮に、市場平均のPERが10倍で、成熟産業の鉄鋼業全体が5倍、成長産業のIT業界が30倍だとします。鉄鋼業のA社のPERが5倍で、IT業界のB社のPERが15倍だったとすると、業種の違いを考えずに比べるとA社のほうが割安だと思いがちです。でも、A社は業種平均と同等レベルなのに、B社は業種平均の半分なのですから、このケースではB社のほうが割安なのです。

続いて必要なのは、**同じ銘柄での縦の比較。つまり過去から遡った、その銘柄特有の評価です。**

横の比較でPERが低くて割安に思えたとしても、さらに同じ銘柄の過去のPERと比べてどうかを考えてみます。四季報には過去3年間の平均PERが載っていますが、私は過去の四季報や決算短信、有価証券報告書を調べて、もっと過去にまで遡っています。

PERが下がり、見かけ上割安になった場合、縦の比較をすると、次の2つのパターンがあることがわかります。

ある企業の株価が1000円で、1株当たり当期純利益が100円だとすると、PERは10倍。この企業のPERが5倍に下がったとすると、おもに次の2つのパターンが考えられます。

●パターン1：株価500円に半減、1株当たり当期純利益100円のまま（業績は変わらないのに株価が下落）

●パターン2：株価1000円のまま、1株当たり当期純利益200円に増加（業績が伸びたのに株価が追いついていない）

バリュー株投資が狙うのはパターン2です。成長セクターではなく、人気がない業種だと、業績が伸びても放置されて株価が上がらないことがあるのです。

その銘柄がどこに上場しているかという、市場間の比較も私は重視しています。とくにコロナ禍の影響を受けた2020年は、市場間の比較が重要でした。

日本には市場がいくつかありますが、通常は同じような動きをします。

たとえば、2008年のリーマンショックの際には、すべての市場の指数が下がりました。2018年にも同じ現象が起きています。

横の比較＝現時点での比較（異なる業種間・同じ業種内で比べる）
縦の比較＝過去から遡った銘柄特有の比較（同じ銘柄で比べる）
市場の比較＝東証一部・二部、マザーズ、ジャスダックで指数の比較

ところが、２０２０年は市場の指数に大きな差がつきました。年初からの指数の値上がり率は次のようになっています（２０２０年10月現在）。

日経平均　マイナス１・04％
ＴＯＰＩＸ　マイナス６・02％
東証二部　マイナス14・06％
ジャスダック平均　マイナス３・76％
マザーズ指数　プラス46・25％

この表を見ると一目瞭然。マザーズ指数だけが上がり、それ以外の市場の指数は下がっています。いちばん下がっている東証二部指数とマザーズ指数の差は、およそ60％にも達しています。これは、マザーズには、コロナ禍の影響を受けにくいか、むしろ追い風になるような企業が多く、景気の先行き不透明感からより成長性が高い企業に注目が集まっているためだと思われます。

マザーズ指数が上がっているとしても、成長企業の多くはバリュエー

ション〔企業の利益（PER）や資産（PBR）などの企業価値評価〕が高く、バリュー株投資の対象にはほとんどなりません。

2020年を例に取るならば、マザーズ以外で下がっている市場で、本来の価値よりも割安に評価されている財務体質が健全な大型株を中心に狙うべきでした。

小型株は体力がない企業が多いので、コロナ禍の荒波を乗り越えられない恐れもありますが、財務体質が健全な体力がある大型株は危機を乗り越え、環境が変われば業績も株価も回復する可能性が高いからです。

その視点でコロナ禍に私が投資したのが、のちほど詳しく語る東日本旅客鉄道（JR東日本／東証一部・9020）と三菱地所（東証一部・8802）でした。

「成熟産業」「斜陽産業」でバリュー株を見つける

株式投資には、AI（人工知能）関連やロボット関連の企業のように、これから大きな成長が望めると考えられる分野に投資する方法もあれば、人口減少社会の中、今後の成長が見込みにくい成熟産業や、今後需要が下がりそうな斜陽産業に投資する方法もあります。

私が好んでいるのは、後者の成熟産業や斜陽産業へのバリュー株投資です。

成長産業には多くの注目が集まり、成長が期待されているので、ＰＥＲも割高になっており、バリュー株投資の対象になりにくいもの。期待以上に成長できるかどうかも未知数です。

しかも、ＡＩやロボットの例を見るとわかるように、成長産業は必然的にグローバルでの戦いに勝つことが求められます。世界的な厳しい競争につねに晒されていますから、そこから勝ち組を見つけるのは、さらに難しいと言えるでしょう。

かつて「電子立国」と称された日本の家電メーカーは、一時期は世界のトップを快走し続けました。しかし、国際的な競争を勝ち抜くことができず、今では韓国や中国、台湾などのメーカーの後塵を拝する立場に甘んじています。

一方で成熟産業は、もはや成長する余地が限られており、高い利益が望めるわけでもありません。その半面、新規参入者が少なく、グローバルな競争に晒されるわけでもありませんから、先行きが見通しやすいという利点があります。

そんな成熟産業でも、M&A（合併・買収）などでシェアを伸ばし、業績を高めて利益を出そうとする企業があります。そんな企業は、資産バリュー株投資の対象として非常に有望な投資先候補となります。

成熟産業でのM&Aでは、買収先企業の純資産より低い金額で同業他社を買収できるケースが多いので、株価上昇に結びつくことがあります。

成長産業におけるM&Aでは、純資産が10億円しかない会社でも、100億円の値段がつくことがあります。その点、最近の成長企業では目に見える資産ではなく、データベースやソフトウェア、商標権などの無形資産の価値に注目が集まっています。

無形資産は実体がない資産のため評価の基準も難しく、前述の差し引き90億円は、買収企業の純資産額と買収価格の差額として計上される「のれん代」となります。のれんは業績が悪化した際には減損の対象となるため、「業績の悪化」＋「のれんの減損」とダブルの悪材料が連動して襲うリスクがあるので、株価も大きく下落する要因になりがちです。

その点、成熟産業におけるM&Aでは、100億円の純資産がある会社を、50億円で買えることもあります。今は100億円でも、これから先細りする一方と評価されていれば、50億円の価値しかないと判断されるケースもあるのです。

この場合、差し引き50億円は「負ののれん代」として計上されます。純資産100億円の会社を50億円で買えるのですから、差し引き50億円のプラスになります。同業他社を買収して市場シェアが増えるうえに純資産も増えるわけですから、まさに一石二鳥となり、株価上昇のプラス材料となる可能性もあります。

そんな銘柄を早めにゲットできたら、とても良い資産バリュー株投資ができたと言えるでしょう。

「決算短信」「有価証券報告書」のページ数が少ない銘柄から投資を始めてみる

投資家にとって必携の四季報と並んで、投資家なら絶対に目を通しておきたいのが、「決算短信」と「有価証券報告書」です。上場企業は、四半期（3か月）ごとに決算を行い、決算短信と有価証券報告書を公開します。

業績を表す決算短信は企業の〝通信簿〟とも言えます。有価証券報告書は、決算短信から1か月半～2か月後くらいに発表され、決算短信にはない多くの情報が掲載されます。

決算短信と有価証券報告書は、各社ホームページのIR（投資家向け広報）の他、『EDINET』『決算プロ』『IR BANK』といったサイトでも閲覧できて、四季報よりも詳しい情報がゲットできます。

決算短信や有価証券報告書の情報量（ページ数）は、会社によってバラバラです。株式投資の初心者は、よりページ数が少ない企業から始めるのもいいでしょう。

銀行のようにビジネスモデルが複雑な企業は、決算短信も有価証券報告書もページ数が多くなりがちです。たとえば三菱UFJフィナンシャル・グループ（東証／名証一部・8306）の2020年3月期の有価証券報告書は259ページもありますが、私も保有している宇野澤組鐵工所（東証二部・6396）の2020年3月期の有価証券報告書は81ページと3分の1以下です。

決算短信と有価証券報告書が薄い企業ほど、ビジネスモデルがシンプルでわかりやすく、業績の先行きがどうなるかの予想も立てやすい傾向があります。

私は専業投資家ですから、どんなにページ数の多い決算短信と有価証券報告書でも、端から端まで読んで投資しますが、兼業のサラリーマン投資家には、そんな時間的な余裕は

『EDINET』の有価証券報告書の検索画面

ないでしょう。

だとしたら全ページに目を通すのではなく、自分が投資判断をするうえで、すっと腑に落ちて納得できる項目に絞って読んでみてください。

資産バリュー株投資を目指すなら、貸借対照表で「現金及び貯金」「有価証券」「土地」「建物」といった資産の内容が詳しく記されている部分は精読したいもの。その点については、次の第3章で詳しく触れたいと思います。

ここでは、それ以外に有価証券報告書で注目すべきところを、いくつか挙げましょう。

たとえば、従業員にストックオプション（自社株を決められた価格で取得できる権利）を与えている会社があるとします。

現在の株価が1000円で、ストックオプションの権利行使価格が1500円の場合、株価が1500円まで上がらないと権利行使をする意味がないので、株価を上げる必要性が出てきます。

それによりストックオプションを持つ従業員や役員が株価への関心を高めることで、業績アップへのインセンティブ（成功報酬）につながります。

逆にストックオプションを一部の役員のみにとどめたり、権利行使価格が時価よりも低かったりする企業の場合、すぐにでも権利行使をして市場で売却しても利益が出ることになるので、投資対象としてあまりいい企業とは言えません。

また、ストックオプションではなく、従業員持株会のように、持株会制度を利用して自社株を取得する仕組みもあります。その場合、従業員は自社株を時価より安く買える（5～20％引きと会社によって差がある）ため、業績がよく株価が長期にわたって堅調な企業に勤めていたら利用する価値はあります。

持株会に拠出する株も、「自社株買い」という形で市場から調達する企業は、株の価値が希薄化せずに済みますから、一般の個人投資家も損をしないことになるので良いと思います。

役員報酬についても、売り上げの伸びや、業界内の順位に応じてインセンティブを決めている企業があります。それは役員たちが、売り上げや順位を上げようとする意欲アップにつながります。

私が必ずチェックするのは、株主への利益還元の方針がどう書かれているか。

「配当50円をベースに、利益に応じて配当性向を40％まで上げます」などとはっきり書かれていれば明快です。配当性向とは、当期純利益に占める年間の配当金の割合です。

さらに「40％の還元を、状況を見ながら配当と自社株買いで行います」と書かれていたら超優等生です。

企業が自らの株式を買う自社株買いには、株式市場から直接買うケースと、ＴｏＳＴＮｅＴ（Tokyo Stock Exchange Trading NeTwork System）取引という「立会外取引」を通じて取得する方法があります。自社株買いは、配当と並ぶ株主還元の一環です。

前者は市場から直接株式を買付取得することになるので、需給が締まることで株価にもプラスの効果が働きます。また自社株買いをすることで発行済み株数が減少することから、1株当たりの利益を高めることにもつながります。

さらに自社株買いはＰＢＲ1倍以下の企業の場合、1株当たりの純資産も高めることができます。1株利益と1株純資産を同時に高めることができるため、既存株主の恩恵もより大きくなるわけです。

逆に、「長期にわたり、安定的な配当を目指します」などと漠然とした表現で書いている企業は、もともとの配当性向や配当利回りが高い場合は別ですが、配当性向や配当利回りが低い場合は配当を上げる気がないことになります。株主の方向を向いてない企業ということになるので、自社株買いや配当による還元は期待できません。

地方の優良企業からバリュー株を探す

今の時代、インターネットでどこにいても情報が得られるとはいえ、投資をするうえで首都・東京に住んでいるメリットは大きいでしょう。

東京は流行の最先端であり、経済のダイナミックな変化も肌で感じられます。投資先のヒントが多く見つかる確率も、それだけ高いと言えます。

その半面、東京には多くの人が住んでおり、投資をする人も多いので、「少数派になり、隠れた割安銘柄を安く買って高く売る」というバリュー株投資のライバルが多いとも言えます。

私は岐阜県在住ですが、地方で暮らしていると「少数派になり、隠れた割安銘柄を安く買って高く売る」というバリュー株投資を実践するうえでのメリットがあります。いわば「地の利」を活かした投資です。

地元では有名だけれど東京ではほとんど知られていない優良企業は、探せば意外にたくさんあるのです。

ユニクロを展開するファーストリテイリング（東証一部・９９８３）は山口県発祥の企業で、最初の上場は広島証券取引所でした（広島証券取引所は２０００年に廃止）。ニトリホールディングス（東証一部／札証・９８４３）も北海道札幌市に本拠を置く会社であり、札幌証券取引所にも上場しています。

どちらも業界を代表する大企業に成長して東証一部への上場を果たしましたが、地方の雄だった時代から着目して株を買っていれば、大きな利益が得られたはずです。

私はユニクロのフリースブームが起こった１９９８年、大混雑したユニクロの店舗を実際に見て、「このブームは凄いなぁ」と感じました。

悔やむのは、ユニクロを展開する企業がファーストリテイリングという上場企業だと知るのに、少し時間がかかってしまった点です。それでも購入後、株価上昇の恩恵を大きく受けることができ、思い出深い銘柄の1つとなっています。

他にも、カレーハウスＣｏＣｏ壱番屋を運営する壱番屋（東証一部・７６３０＝現在はハウス食品グループ本社の連結子会社）のように、地方発・全国区に成長する企業は少なくありません。ＣｏＣｏ壱番屋は日本を飛び出して世界13の国と地域に展開するまでになり、カレーの本家本元インドにも店舗をオープンさせています。

地方の優良企業が投資家に広く知られるようになり、それが株価に反映するまでには、タイムラグがあります。この時差をうまく利用し、まだ割安のうちに仕入れられたら、有望なバリュー株投資となります。

地方在住者は、まず地元が本社の優良企業を検索してみましょう。そこに未来のファーストリテイリングやニトリホールディングスが隠れていないかをチェックしてみてください。地元で見つからなかったら、馴染みのある近隣エリアでもＯＫです。

私の投資仲間が教えてくれた面白い方法があります。地元の優良企業を見つけるには、

●1998年からのフリースブームで、1998〜1999年にかけての短期間で株価は60倍近くまで上昇した。

地元のラジオを聴いてみるのがいいというのです。

調べてみると、継続してラジオ時報CMのスポンサーになっている企業で、大化けしたケースが少なくないのです。

たとえば、工具通販大手で工場の味方「モノタロウ」(東証一部・3064)、「ご飯がススム」というキムチでおなじみの漬物製造大手「ピックルスコーポレーション」(東証一部・2925)、豆腐メーカー「やまみ」(東証一部・2820)など、継続して時報CMを流し続ける企業は、独特のCMソングとともに地元で長く愛されてきた歴史があります。

こうした企業は景気が落ち込んだときでも業績を大きく落とさず、粘り強く成長を続ける可能性が高いのです。

また、地方の若い世代がどこで待ち合わせをしているかを、ネット検索してみるのも面白い方法です。

たとえば「岡山　20代　待ち合わせ」と入れて上位に出てくる店は、東京ではまったく無名でも地元では誰もが知っている存在であり、若い世代に支持されている分だけ、その運営会社は成長の伸び代があるかもしれません。

地元で投資先を探すメリットは、まだ地域が限られていて事業規模が小さい場合が多く、仮に全国展開に発展すれば、業績も大きく拡大する余地があることです。東京や大阪などの大都市圏に住んでいる地方出身者は、帰省したときにでも地元でリサーチしてみるのも面白いと思います。

四季報にしても決算短信にしても有価証券報告書にしても、いずれも過去の情報にすぎません。最先端の情報は、つねに現場にあります。

私は四季報や有価証券報告書などから新たな銘柄を探すときもありますが、食事や買い物のついでに街を観察してみて、面白そうなモノやサービスに出合えたら、その場でスマホを取り出して関連する企業が上場しているかどうかを確認します。

そして自宅に戻って、じっくりと分析をするのです。

それが自分の得意分野なら、理解度はより一層深まりますから、投資の精度も上がります。ファッション好きなら、ファーストリテイリングの快進撃が他の人よりも早めに予測できたかもしれませんし、同じようにインテリア好きなら、ニトリが全国区になる兆しをいち早く察知できたかもしれません。

いずれにしても、外食や小売業のようないわゆるB to C（企業対消費者間のビジネス）の場合、実際に現場に足を運んで自分の目で見て確認することもできます。決算短信や有価証券報告書を熟読するのが苦手という人は、こういった調べ方で投資先企業を探すという方法もありだと思います。

他人に頼らず自分の頭で考えて株を買う

私のツイッターには、次のような質問がよく寄せられます。

「○○という株を持っているのですが、どう思われますか？」

「株をどうやって勉強していいか、わかりません。おすすめの本や勉強法を教えてください」などなど。

こうした質問に共通して多いのは、自分で判断することを放棄して、他人の判断に頼って投資しようとする姿勢です。

他人の意見を参考にするのは悪いことではありません。最初のうちは真似から入る人も多いと思います。しかし、ずっと真似ばかりでは自分の強みを生かすことができません。「自分が得意とするものは何か」「自分が目標としたい資産はどれぐらいか」など、自分の頭で考えて、自分で判断するクセをつけなければいけません。そのうえで他人の意見を参考にしたり、意見を求めたりするのは良いと思います。

最初のうちは不安もあるでしょうし、他人に頼りたくなる気持ちもわかります。しかし、いつも頼れる相手が側《そば》で味方についているとは限りません。得をしても、損をしても、自分の頭で考えないとそれを正当に評価できませんし、自分自身の成長にもつながりにくいものです。

他人依存の投資方針だと、バリュー株投資に限らず、株式投資でうまくいく可能性は低くなってしまうでしょう。

自動車のメカニズムを熱心に勉強して、いくら構造に詳しくなったとしても、うまく運転できるかどうかは別の問題です。同じように、株式投資でも大事なのは、知識と実践の両輪です。

ベンジャミン・グレアム著の『賢明なる投資家』は私のバイブルですが、こうした本で得た知識を、実践にどう落とし込んで活かせるかが何よりも大切。だからこそ、いつまでも誰かに頼るのではなく、自分で考えて投資行動を起こすべきなのです。

たとえ損をしても、それが学びにつながるなら、それは損したお金以上の価値のある経験となります。得をしたとしても、自分のストーリーは崩れているのに単なる運任せで儲かったとしたら、それには再現性がありませんから先につながりません。

私が株式投資を始めた頃と違って、インターネットを通じて必要な情報をリアルタイムに得られるようになりました。企業側も情報開示に積極的です。大昔のように、情報弱者が証券会社の言いなりになり、株を買わされて損する悲劇も少なくなりました。

今は情報を広く深く集めることで、景気や成長の伸び代を予測し、「この株は過小評価されているが、資産も積み上がり、こういう理由でこの先は利益が出て成長するはずだ」という自分なりのストーリーを組み立ててから、投資できるようになりました。

重要なのは、単におトクな銘柄だからという理由だけで買うのではなく、なぜ割安なの

郵便はがき

料金受取人払郵便

渋谷局承認

2087

差出有効期間
2025年12月
31日まで
※切手を貼らずに
お出しください

150-8790

130

〈受取人〉
東京都渋谷区
神宮前 6-12-17
株式会社ダイヤモンド社
「愛読者クラブ」行

本書をご購入くださり、誠にありがとうございます。
今後の企画の参考とさせていただきますので、表裏面の項目について選択・ご記入いただければ幸いです。

ご感想等はウェブでも受付中です（抽選で書籍プレゼントあり）▶

年齢	（　　　）歳	性別	男性 ／ 女性 ／ その他
お住まいの地域	（　　　）都道府県 （　　　）市区町村		
職業	会社員　経営者　公務員　教員・研究者　学生　主婦 自営業　無職　その他（　　　）		
業種	製造　インフラ関連　金融・保険　不動産・ゼネコン　商社・卸売 小売・外食・サービス　運輸　情報通信　マスコミ　教育 医療・福祉　公務　その他（　　　）		

DIAMOND 愛読者クラブ メルマガ無料登録はこちら▶

書籍をもっと楽しむための情報をいち早くお届けします。ぜひご登録ください！
- 「読みたい本」と出合える厳選記事のご紹介
- 「学びを体験するイベント」のご案内・割引情報
- 会員限定「特典・プレゼント」のお知らせ

①本書をお買い上げいただいた理由は？
（新聞や雑誌で知って・タイトルにひかれて・著者や内容に興味がある　など）

②本書についての感想、ご意見などをお聞かせください
（よかったところ、悪かったところ・タイトル・著者・カバーデザイン・価格　など）

③本書のなかで一番よかったところ、心に残ったひと言など

④最近読んで、よかった本・雑誌・記事・HPなどを教えてください

⑤「こんな本があったら絶対に買う」というものがありましたら（解決したい悩みや、解消したい問題など）

⑥あなたのご意見・ご感想を、広告などの書籍のPRに使用してもよろしいですか？

1　可　　　　　2　不可

※ご協力ありがとうございました。

【貯金40万円が株式投資で4億円】112014●3550

かという理由を自分なりによく調べて、そのストーリーを誰もが納得できるように説明できるレベルまで理解を深めてから買うことです。

バリュー株投資は、企業の本質的な価値と株価とのギャップに注目する投資法です。目先の株価の変化に一喜一憂するのではなく、本質的な価値に比べて株価が安くなったら投資します。

その点、短期的な損得にこだわると、投資家としての成長につながる学びを得られなくなってしまいます。

儲かっても、儲からなくても、反省を踏まえた学びがあり、それが投資家としての自分の成長につながります。その過程を楽しむことができるのが、株式投資の醍醐味でもあると私は考えてます。

私が推奨するバリュー株投資はローリスク・ミドルリターンですから、長く参加し続けてこそ、初めて真価を発揮します。長く続けて儲けを株式に再投資して複利&長期で回していけば、2億円、3億円といった大きな資産を築く足がかりが得られるのです。

株式市場から早々に退場せず、末永く株式投資を続けるには、「楽しむ」という姿勢が欠かせません。好きでもないし、楽しくもないものは、続けられないからです。

昔と違って、今や株式投資はかなり小額からでも始められるようになりました。株式投資をやってみて、自分には合わないなぁと思ったら、やめるのもいいと思います。やってもいないのに、「株式ってどうなんだろう」「やっぱり損したらコワいな」などとあれこれ考えるよりは、まずはやってみましょう。

まずは証券会社に口座を開いて、初めはお試しで100株だけ買うのもOK。何はともあれ、買わない限り、参加したことにはなりませんし、株価の変化すら真剣に見ようという気が起こらないものです。

バリュー株を買ったら、その銘柄をしばらく定点観測します。

定点観測してみて、株価が下がっていけば、自分が買うのがちょっと早かったとわかります。株価が上がっていけば、買うタイミングとしては良かったのです。

注意が必要なのは、**日経平均のような指数が上がっているのに、自分が買った銘柄は下げている場合。それには、その銘柄固有の理由が潜んでいる可能性があります。その理由は何かをよく考えてみましょう。**

下がったから損した、上がったから得をしたということだけで思考停止していたら、投資家としての成長が望めません。

なぜ下がり、なぜ上がったのか。その理由を自分なりに考えて、そこで得た教訓を次に活かします。次からは金額を増やしたり、銘柄を増やしたりしてみましょう。

こうやって身銭を切って重ねた経験は、自分だけの貴重な財産であり、それが投資家としての将来的な成長へつながるのです。

第3章

「ネットネット株」に注目！

「かぶ１０００流ネットネット株」とは？

資産バリュー株投資のなかでも、私が大きな資産を形成するうえでいちばん役立ったのは、「ネットネット株」への投資です。

ネットネット株とは、私の心の師匠ベンジャミン・グレアムから学んだもの。簡単に言うと、「１万円の入った財布が５０００円で売られている」ような銘柄です。

もしそんな財布があったら、きっと誰でも買うはず。株式市場を丁寧に探していると、そうした財布が秘かに買えるのです。それがネットネット株です。

ネットネット株とは、流動資産から負債を差し引いた「正味流動資産」に対して株価が割安な株のことです。

グレアムは、『賢明なる投資家』のなかで、「会社を買収してすぐに清算したときに、買収した金額以上のお金が残る銘柄」をネットネット株として推奨しています。

グレアムによるネットネット株の定義は、次の通りです。

●グレアム流ネットトネット株

正味流動資産(流動資産−総負債)×2/3 > 時価総額

私はグレアムよりもシンプルに「換金性」に重点を置いて、次の条件を満たす銘柄を「かぶ1000流ネットトネット株」と定義しています。

●かぶ1000流ネットトネット株

換金性が高い流動資産−総負債 > 時価総額

グレアム流と、かぶ1000流の公式で、不等号(>)の下(時価総額)は同じです。

「時価総額」とは、「現在の株価×発行済株式数」で求められます。その企業を丸ごと買うのに必要な金額がいくらかを示したものです。

たとえば、A社が株価1000円で1000万株発行していたとすると、

株価1000円×1000万株=時価総額100億円

——つまり100億円が今評価されている企業価値ということになります。

グレアム流と、かぶ1000流の違いは、不等号(>)の上の部分です。

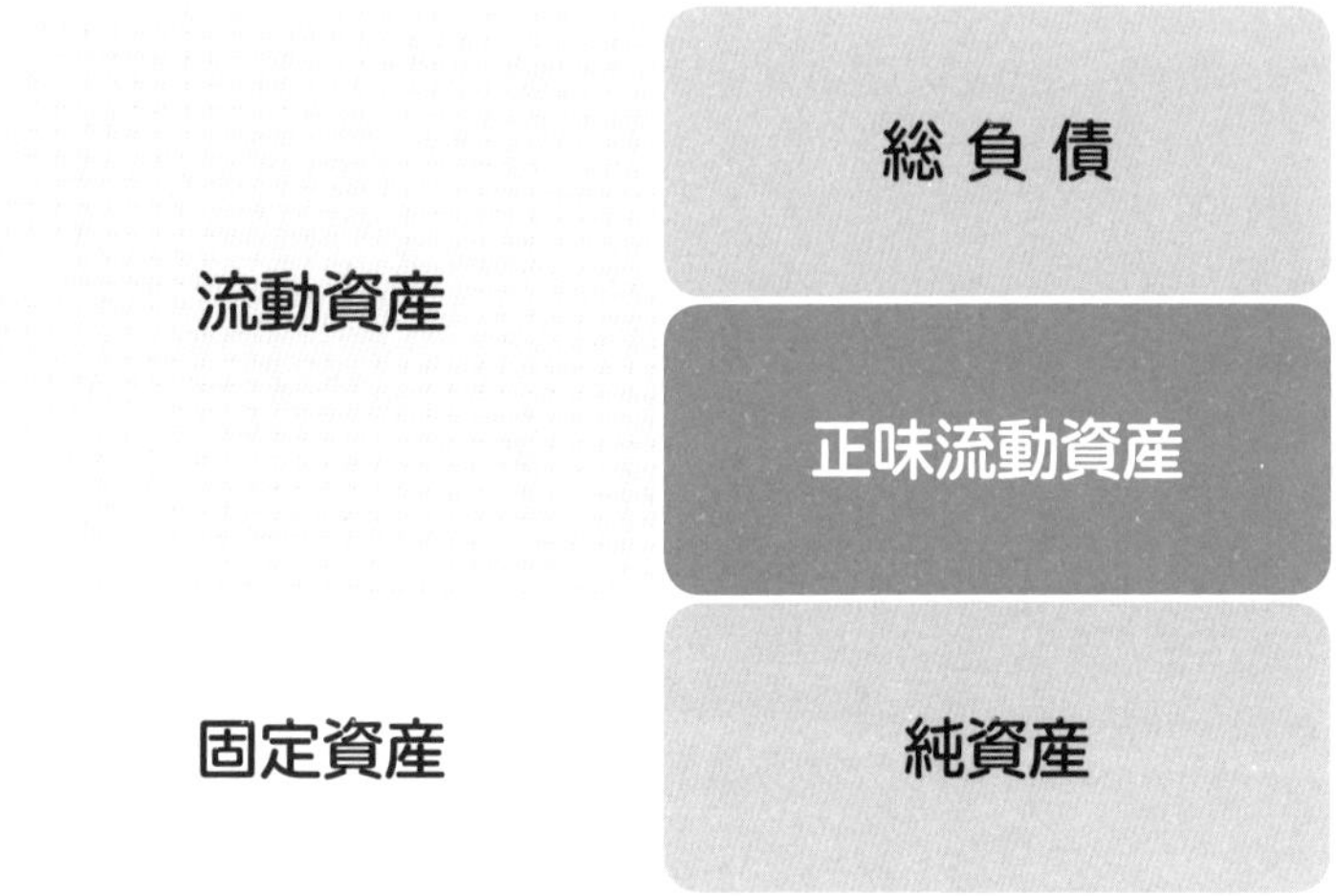

「正味流動資産」とは「流動資産」から「総負債」を引いたもの

グレアム流は、「流動資産」から「総負債」を引いて正味流動資産を計算します。「流動資産」とは、営業活動により通常１年以内に現金化できる資産のこと。そこから差し引く「総負債」とは、借入金や支払手形、買掛金など、企業が抱えている負債のことです。

仮にA社の流動資産が総額３００億円で、総負債が１５０億円なら、残りの１５０億円が正味流動資産ということになります。

A社の手元に残る正味流動資産が１５０億円であり、それが時価総額１００億円で買収できるなら、「１５０億円入りの財布が、１００億円で買える」ということになるのです。資産面から見ると、「非常に割安な株」ということになります。

ただし、グレアム流は、正味流動資産に、すぐに現金化できるとは限らない商品（在庫）や原材料などを含んでいます。

一例を挙げると、アパレル企業が抱えている冬物の在庫は、春になったら売れません。翌年冬まで待ったとしても、それまで保管コストがかかりますし、流行遅れにもなります。仮に売れたとしても、商品価値は大きく下がってしまう可能性もあります。

そうした不確定要素を考慮する意味で、グレアム流では正味流動資産を3分の2と控えめに評価しているのです。

ところが、この「3分の2」にするという、明確な根拠や理由は著書には詳しく書かれていません。たとえば、流動資産に占める商品などの割合が大きい小売業や、原材料・製品などの割合が大きい製造業などの場合、それらの流動資産の目減りにより、グレアムの基準である3分の2を超えて、正味流動資産の価値が下回ってしまう可能性もあります。場合によっては正味流動資産を時価総額が上回ってしまい、ネットネット株ではなくなってしまう場合もあるのです。

そこで、かぶ1000流では、これらのリスクを排除するために、商品・仕掛品・原材料・製品などの評価を保守的にゼロとして計算します。一方で、企業が保有する投資有価

換金性が高い流動資産＝現金及び預金＋受取手形及び売掛金＋有価証券＋投資有価証券－貸倒引当金

証券は換金性が高い資産に属すと考えられ、通常は流動資産ではなく固定資産に分類されますが、これらの資産は換金性が高い資産として判断できるので、かぶ１０００流では資産として加えます。

それらの合計額から貸倒引当金を差し引いた額が「換金性が高い流動資産」です。これなら、グレアム流のように、正味流動資産が抱える不確定要素が排除できますし、商品・仕掛品・原材料・製品など、少しでも換金ができれば、それらはすべてプラスとして加算することができるので、グレアム流よりも加点方式で判断できます。

いろいろと見慣れない、聞き慣れない言葉が出てきて難しく感じたかもしれませんが、貸借対照表と電卓があれば誰でも計算できます。

「現金及び預金」「受取手形及び売掛金」「有価証券」は、いずれも貸借対照表の「資産の部」の「流動資産」に記載されています。

現金及び預金は、キャッシュかキャッシュに近いもの。受取手形とは、販売した商品に対する代金をもらう権利を手形として保有しているもの。手形という形で保有していないものは「売掛金」と呼ばれています。

有価証券には、おもに売買目的有価証券、満期が1年以内に到来する

ネットネット指数は小さいほど割安

時価総額÷（換金性が高い流動資産−総負債） ＝ ネットネット指数

ネットネット指数　0.66未満 ＝ 超割安

0.5未満 ＝ 激安！

無満期保有目的証券などがあります。「投資有価証券」は満期が1年を超過する無満期保有目的証券、子会社株式・関連会社株式、その他有価証券などがあります。

そこから引き算する「貸倒引当金」で、「流動資産」に計上されているのは、売掛金や受取手形などの貸し倒れに備えて引当しているもの。「投資その他の資産」に計上されているのは、子会社や関連会社の所有を目的とした債券に対する貸し倒れに備えて引当しているもの。同じ「貸倒引当金」という名目ですが、意味が違ってきます。

時価総額÷（換金性が高い流動資産−総負債）＝「ネットネット指数」と呼んでいます。ネットネット指数が1未満が、かぶ1000流ネットネット株の最低条件です。

ネットネット指数が0・66未満であれば、超割安なネットネット株と考えて良いでしょう。さらにネットネット指数が0.5未満なら、激安と評価できます。

「ネットネット株の計算は、なかなか手間がかかって難しそう……」と思われたかもしれません。ところが最近では、「かぶ1000流ネットネット株」をスクリーニングしてくれているサイトもあるようです。参考までに「ネットネット株　かぶ1000」と検索してみるといいでしょう。

ネットネット株の実例①
昭栄薬品（東証ジャスダック・3537）

私が実際に保有しているネットネット株に、昭栄薬品があります。

2020年6月30日の貸借対照表では、次のようになっています。

換金性が高い流動資産：計13，262，109千円（約132億円）
現金及び預金：950，833千円
受取手形及び売掛金：5，373，241千円
投資有価証券：6，943，876千円
貸倒引当金（流動資産）：△187千円

1　【四半期連結財務諸表】

（1）【四半期連結貸借対照表】

（単位：千円）

	前連結会計年度 （2020年３月31日）	当第１四半期連結会計期間 （2020年６月30日）
資産の部		
流動資産		
現金及び預金	986,615	950,833
受取手形及び売掛金	5,573,662	5,373,241
商品	422,902	385,824
その他	149,930	113,302
貸倒引当金	△193	△187
流動資産合計	7,132,918	6,823,015
固定資産		
有形固定資産	207,368	203,936
無形固定資産	16,979	15,063
投資その他の資産		
投資有価証券	7,067,627	6,943,876
敷金及び保証金	332,352	333,202
その他	248,320	226,639
貸倒引当金	△5,654	△5,654
投資その他の資産合計	7,642,645	7,498,064
固定資産合計	7,866,992	7,717,063
資産合計	14,999,910	14,540,079

（単位：千円）

	前連結会計年度 （2020年３月31日）	当第１四半期連結会計期間 （2020年６月30日）
負債の部		
流動負債		
支払手形及び買掛金	3,842,500	3,651,976
短期借入金	413,302	347,767
1年内返済予定の長期借入金	300,000	300,000
未払法人税等	40,160	6,639
賞与引当金	68,188	34,812
その他	71,705	108,738
流動負債合計	4,735,857	4,449,933
固定負債		
退職給付に係る負債	51,912	54,587
長期未払金	161,104	161,104
繰延税金負債	1,884,408	1,860,422
その他	31,190	31,215
固定負債合計	2,128,615	2,107,330
負債合計	6,864,473	6,557,264
純資産の部		
株主資本		
資本金	248,169	248,169
資本剰余金	173,568	173,568
利益剰余金	3,265,465	3,236,262
自己株式	△114,909	△114,909
株主資本合計	3,572,292	3,543,090
その他の包括利益累計額		
その他有価証券評価差額金	4,432,390	4,345,519
為替換算調整勘定	130,754	94,205
その他の包括利益累計額合計	4,563,144	4,439,725
純資産合計	8,135,437	7,982,815
負債純資産合計	14,999,910	14,540,079

●昭栄薬品（3537）の有価証券報告書より

貸倒引当金（固定資産）：△5，654千円
総負債（負債合計）：6，557，264千円（約65億円）

換金性が高い流動資産－総負債は6，704，845千円（約67億円）。

時価総額はおよそ33億円（2020年10月22日現在）ですから、ネットネット指数は0・50であり、ネットネット株の条件をクリアしています。

昭栄薬品をネットネット株にしているのは、「投資有価証券」の多さです。

具体的には、**超優良企業で景気の動向に左右されにくい〝ディフェンシブ株〟でもある花王（東証一部・4452）の株式を694，910株保有しているのです。**

これだけでも、約53億円の（株価7678円で計算）価値があります。しかも、花王は日本最長となる31期連続増配をしており、昭栄薬品は花王からの配当だけで年間約1億円を得ています。

昭栄薬品が花王の株式を大量保有している理由は、花王が重要な取引先だからです。その株式を処分してしまうことは考えられません。

花王は、1株7678円（2020年10月22日現在）。PER、PBRで見ても割高でバリュー株投資の対象にはなりませんが、昭栄薬品の株価は939円（2020年10月22日現在）で、花王の株だけを考えても、「33億円で買える財布に、53億円が入っている」状

態なのですから、お買い得と言えます。
　株価の変化を見つつ、ときおり私が買い増している銘柄となっています。

ネットネット株の実例②
岩塚製菓（東証ジャスダック・２２２１）

　昭栄薬品と同様に、岩塚製菓も超優良企業の株を大量保有しているネットネット株です。
新潟県長岡市に本社を置く米菓メーカーで、「味しらべ」「田舎のおかき」といったロングセラー商品があります。
　岩塚製菓の２０２０年６月30日の貸借対照表では、次のようになっています。

換金性が高い流動資産：計５７，４５３，２７６千円（約５７４億円）
現金及び預金：１，０８３，２７３千円
受取手形及び売掛金：３，６４８，８５２千円
投資有価証券：５２，８２７，９２８千円
貸倒引当金（流動資産）：△７７，０３１千円

1 【四半期連結財務諸表】

（１）【四半期連結貸借対照表】

（単位：千円）

	前連結会計年度 （2020年３月31日）	当第１四半期連結会計期間 （2020年６月30日）
資産の部		
流動資産		
現金及び預金	1,760,233	1,083,273
受取手形及び売掛金	3,995,170	3,648,852
商品及び製品	225,290	243,565
仕掛品	107,565	104,409
原材料及び貯蔵品	1,582,776	1,279,441
その他	158,227	351,226
貸倒引当金	△77,207	△77,031
流動資産合計	7,752,056	6,633,737
固定資産		
有形固定資産		
建物及び構築物（純額）	4,059,334	4,013,896
その他（純額）	5,578,730	6,040,141
有形固定資産合計	9,638,065	10,054,038
無形固定資産	74,366	66,542
投資その他の資産		
投資有価証券	51,285,544	52,827,928
その他	1,415,170	1,354,285
貸倒引当金	△29,206	△29,746
投資その他の資産合計	52,671,508	54,152,468
固定資産合計	62,383,940	64,273,049
資産合計	70,135,996	70,906,787
負債の部		
流動負債		
買掛金	647,048	507,319
未払法人税等	348,011	65,598
賞与引当金	358,292	152,520
その他	2,028,842	2,009,851
流動負債合計	3,382,195	2,735,290
固定負債		
退職給付に係る負債	1,164,191	1,177,020
繰延税金負債	12,885,432	13,341,127
役員株式給付引当金	－	11,276
その他	432,609	407,547
固定負債合計	14,482,234	14,936,972
負債合計	17,864,429	17,672,262
純資産の部		
株主資本		
資本金	1,634,750	1,634,750
資本剰余金	1,859,250	1,859,250
利益剰余金	15,306,505	15,195,608
自己株式	△1,066,406	△1,066,406
株主資本合計	17,734,099	17,623,202
その他の包括利益累計額		
その他有価証券評価差額金	34,583,332	35,653,646
退職給付に係る調整累計額	△45,864	△42,324
その他の包括利益累計額合計	34,537,467	35,611,322
純資産合計	52,271,567	53,234,524
負債純資産合計	70,135,996	70,906,787

●岩塚製菓（2221）の有価証券報告書より

貸倒引当金（固定資産）：△２９，７４６千円
総負債（負債合計）：１７，６７２，２６２千円（約１７６億円）
換金性が高い流動資産−総負債は３９，７８１，０１４千円（約３９７億円）。
時価総額はおよそ２２１億円（２０２０年10月22日現在）ですから、ネットネット指数は０・55であり、ネットネット株の条件をクリアしています。

岩塚製菓の資産の中で大半を占めているのは、ワンワンチャイナホールディングス（中国旺旺）という香港証券取引所に上場している株式です。

ワンワンチャイナは、中国・上海に本社を置くスナック菓子や飲料のメーカーですが、岩塚製菓が米菓の技術指導をしたことから、ワンワンチャイナの株式の約５％（６億８４３万４４８０株）を所有しています。創業者に次ぐ大株主なのです。

ワンワンチャイナは成長を続けており、岩塚製菓の持ち株分で時価総額は５００億円を超えています。これは岩塚製菓自身の時価総額の2倍以上。しかも、ワンワンチャイナは４％と高配当を続けており、岩塚製菓はその配当だけでも年間20億円ほどを得ています。

ワンワンチャイナの株式だけを考えても、「２２１億円で買える財布に、５００億円が入っていて、年間20億円増えている」状態なのですから、お買い得です。

ワンワンチャイナは景気の波に左右されにくい〝ディフェンシブ株〟ではありますが、海外企業への投資は為替の変動リスクをともないます。それに海外の銘柄は、企業の状態を示すバランスシートなどが、日本企業と同じようにリアルタイムで見られるわけではありません。

しかし、岩塚製菓のような国内のバリュー株への投資により、間接的に海外の優良企業に投資できるとしたら、そうしたリスクが抑えられるメリットがあるのです。

ネットネット株の実例③
丸八ホールディングス（名証二部・3504）

昭栄薬品と岩塚製菓は、他社の「株式」を大量保有するネットネット株でした。

これ以外にも、「現金」がたくさんあるネットネット株もあります。私が所有している丸八ホールディングス（丸八ＨＤ）は、その代表です。

丸八ＨＤの前身は、１９６２年に静岡県で起業した「丸八織物」。のちに「丸八真綿」に商号を変えました。１９７７年、初の外国人力士だった高見山さんを起用したテレビC

Mが大人気となり、一気に知名度を上げました。

丸八HDの2020年6月30日の貸借対照表では、次のようになっています。

換金性が高い流動資産：計37，407，643千円（約374億円）
現金及び預金：28，780，837千円
受取手形及び売掛金：6，248，352千円
有価証券：1，778，720千円
投資有価証券：717，434千円
貸倒引当金（流動資産）：△75，712千円
貸倒引当金（固定資産）：△41，988千円
総負債（負債合計）：14，665，805千円（約146億円）
換金性が高い流動資産－総負債は22，741，838千円（約227億円）。

時価総額はおよそ114億円（2020年10月22日現在）ですから、ネットネット指数は0・50であり、ネットネット株の条件をクリアしています。

丸八HDで際立つのは、「現金及び預金」の多さ。時価総額の約2倍以上の287億円

1 【四半期連結財務諸表】

(1) 【四半期連結貸借対照表】

(単位：千円)

	前連結会計年度 (2020年３月31日)	当第１四半期連結会計期間 (2020年６月30日)
資産の部		
流動資産		
現金及び預金	28,196,234	28,780,837
受取手形及び売掛金	6,138,406	6,248,352
有価証券	1,789,439	1,778,720
たな卸資産	2,198,838	2,537,272
その他	372,386	568,191
貸倒引当金	△66,749	△75,712
流動資産合計	38,628,555	39,837,660
固定資産		
有形固定資産		
建物及び構築物	19,681,137	19,676,209
減価償却累計額	△14,574,242	△14,638,729
建物及び構築物（純額）	5,106,895	5,037,480
機械装置及び運搬具	2,670,519	2,660,351
減価償却累計額	△2,347,134	△2,355,229
機械装置及び運搬具（純額）	323,385	305,121
工具、器具及び備品	757,132	745,710
減価償却累計額	△526,715	△530,845
工具、器具及び備品（純額）	230,417	214,865
土地	13,069,599	13,036,996
建設仮勘定	1,767	18,283
有形固定資産合計	18,732,064	18,612,747
無形固定資産	28,819	26,590
投資その他の資産		
投資有価証券	673,771	717,434
繰延税金資産	290,036	300,877
その他	253,085	246,193
貸倒引当金	△42,001	△41,988
投資その他の資産合計	1,174,892	1,222,518
固定資産合計	19,935,775	19,861,856
資産合計	58,564,330	59,699,517

●丸八ホールディングス（3504）の有価証券報告書より

（単位：千円）

	前連結会計年度 （2020年３月31日）	当第１四半期連結会計期間 （2020年６月30日）
負債の部		
流動負債		
支払手形及び買掛金	325,929	422,012
1年内返済予定の長期借入金	1,000,000	1,000,000
未払金	693,686	585,605
未払法人税等	166,169	157,195
賞与引当金	182,380	271,868
返品調整引当金	64,141	63,805
割賦利益繰延	1,154,167	1,120,148
その他	839,794	1,277,866
流動負債合計	4,426,270	4,898,502
固定負債		
長期借入金	7,000,000	8,000,000
役員退職慰労引当金	23,982	23,982
退職給付に係る負債	376,564	377,536
長期預り保証金	1,176,279	1,168,785
繰延税金負債	13,352	29,946
その他	167,118	167,053
固定負債合計	8,757,296	9,767,303
負債合計	13,183,567	14,665,805
純資産の部		
株主資本		
資本金	100,000	100,000
資本剰余金	1,427,998	1,427,998
利益剰余金	47,309,339	47,158,816
自己株式	△2,216,142	△2,216,142
株主資本合計	46,621,195	46,470,673
その他の包括利益累計額		
その他有価証券評価差額金	△48,561	△22,535
繰延ヘッジ損益	5,511	2,229
為替換算調整勘定	△1,197,381	△1,416,655
その他の包括利益累計額合計	△1,240,432	△1,436,961
非支配株主持分	0	0
純資産合計	45,380,763	45,033,711
負債純資産合計	58,564,330	59,699,517

●丸八ホールディングス（3504）の有価証券報告書より

を保有しています。かぶ１０００流ネットネット株の定義では、賃貸用不動産は加算しません（資産バリュー株投資では評価に入れます）が、丸八ＨＤは約１４０億円の賃貸用不動産も保有しています。

さらに、この賃貸用不動産は現時点で、簿価より30億円ほどの含み益があります。丸八ＨＤはネットネット株であるうえに、賃貸用不動産などの含み資産を持つ資産バリュー株の要素もある非常に割安な銘柄なのです。

丸八ＨＤは、現時点で３２，４００株（10月22日現在）保有しており、私のポートフォリオ（金融資産の組み合わせ）の約10％を占める規模になっています。

個人的には、株価が非常に割安なため、いつかＭＢＯ（経営陣による買収）があるのではないかと想定しつつ、配当利回りが４％以上あることから、「インフレに強い定期預金感覚」で長期保有しています。

“バリュートラップ”に陥らないための「カタリスト」とは？

花王なら誰でも知っていますが、昭栄薬品という会社はほとんどの人が初めて聞く企業名ではないでしょうか?

また、ワンワンチャイナの名前はどこかで聞いたことがあっても、岩塚製菓の名前を聞いてピンときた人もほとんどいないでしょう。

1980年代に当時の人気力士・高見山のしゃがれ声で「2倍! 2倍!」と商品をアピールする丸八真綿のCMを観た人以外で、丸八HDの名前を知っている人は、やはり少数派だと思います。

このようにネットネット指数が0.5となり、「1万円の入った財布が5000円で売られている」ようなネットネット株が存在するのは、多くの投資家が注目していない地味な企業の株だからであり、誰もが知っている企業なら、割安のままで長年放置されたりしないものです。

ほとんど注目されない地味な企業は、割安な状態がずっと継続されたまま放置されるいわゆる「バリュートラップ」に陥りがちです。

バリュートラップはネガティブに語られがちですが、バリュー株投資家にとっては「1万円の入った財布が5000円で売られている」ようなお宝の在り処です。

ただし、いつまでもバリュートラップのままでは、鍵のかかった〝開かずの財布〟のようなもの。その財布を開けて、お宝を取り出す鍵が必要です。

この開かずの財布を開けてお宝を解放する鍵を「カタリスト」（Catalyst）と呼びます。もともとの意味は化学反応を促進する「触媒」のことですが、投資の世界では基本的にマーケットを動かす材料を指します。

バリュートラップに陥った株は、ほとんど期待されていませんから、悪い材料が出ても、株価が下がる余地はさほどありません。

その半面、少しでも良い材料が出てきたときは、期待されていなかった分だけ意外性が高く、株価が上がる可能性があるのです。

では、どのような材料がカタリストになり得るのかを見ていきましょう。

地味なネットネット株を押し上げる5つのカタリスト

カタリストとして考えられるのは、おもに次の5つです。

- 「配当性向」「配当利回り」が変化する
- 絵に描いた餅の「含み益」が「実現益」になる
- 大株主の株主構成が変わる↓「TOB」「MBO」の可能性が高まる
- 「買収防衛策」が廃止される
- 地方の証券取引所から東京証券取引所への市場変更（重複上場）

では、1つひとつ説明していきましょう。

●「配当性向」「配当利回り」が変化する

バリュートラップの株には、業績にかかわらず、配当を固定化している安定配当の株が多く見受けられます。ネットネット株に代表されるようなバリュー株は、基本的にお金を貯め込んだままで、株主に還元しない傾向があります。こうした安定配当株が、配当性向を上げたり、業績連動型にしたり、DOE（Dividend on equity ratio株主資本配当率）を採用して株主資本に対して配当を出したりと、配当の方針を変更した場合は、株価が上がるカタリストになる場合があります。

絵に描いた「含み益」が「実現益」になる

賃貸等不動産や保有する土地、投資有価証券にいくら含み益があったとしても、それを売却して現金化しない限り、絵に描いた餅です。でも、含み益が乗っている不動産や投資有価証券を売却して実現益となった場合、株価が上がるカタリストになります。同時に増配をする場合、さらに強いカタリストになります。

私が投資していたニッピ（東証ジャスダック・7932）という企業は、含み益が乗った不動産を売却して、52億円の特別利益を計上しました。それにより1株当たりの利益は1494円へと急上昇し、PERは2倍にまで下がりました。しかし、配当を50円のまま据え置いたことから、株価を大きく押し上げるカタリストにはなりませんでした。

大株主の株主構成が変わる↓「TOB」「MBO」の可能性が高まる

誰がどのくらいの株式を持っているかという「株式構成」が変化した場合、今後なんらかのカタリストが出てくる可能性があります。株式構成は、四季報の大株主欄を半期ごとに追っていけば、変化があった場合は順位が入れ替わったりするので簡単にわかります。

企業をもっともよく知る大株主の経営陣が自社株を売っている場合、経営陣側が自社の株価が高いと判断していたり、今後の先行きに自信がない表れでもあったりするため、ネガティブに評価されます。

逆に経営陣が買い増ししたり、「モノを言う株主」と言われる「アクティビストファンド」が大株主に登場したりすると、なんらかのアクションを会社側に起こす可能性もあるため、ポジティブに評価されます。

また、株主構成の変化を追うことで、TOB（株式公開買い付け）やMBO（経営陣による買収）の予兆を察知することも、場合によってはできる可能性があります。インサイダー取引をしているわけではありませんから、そのタイミングを正確に知ることはできませんが、TOBやMBOが実施されると、株価を大きく押し上げるカタリストの要因となります。

そこで、TOBとMBOについて詳しく見ていきましょう。

TOB（株式公開買付）とは「Take Over Bid」の略。不特定かつ多数の人に対して、「買取株数」「株価」「買取期間」を公告し、有価証券市場外で株主から直接、株式の買い付けを行うことをいいます。

一般的に公開買付価格は市場価格よりも高く設定されることが多く、株価が上昇する材料となります。2020年9月29日、NTT（東証一部・9432）が、子会社のNTTドコモ（東証一部・9437）を完全子会社化するため、9月30日からTOBを実施すると発表。NTTドコモの株価が、公開買い付け価格に「さや寄せ」する形で急騰しました。さや寄せとは、価格差が小さくなることです。

最近は低金利で多額の資金調達が可能になっているため、NTTドコモのように非常に大きな規模のTOBも行われるようになってきました。

またコロナ禍による経営環境の急変で、企業同士の経営統合が行われたり、親子上場の問題から上場子会社を完全子会社化したりする企業も目立つようになりました。

一方、創業者一族や経営陣、関連会社などの大株主が保有しており、株式市場に流通していない「特定株」が占める割合（特定株比率）が高いと、一般の株主の権利が弱いためTOBが行われる確率は低くなります。

次にMBOを見ていきましょう。

MBO（経営陣による買収）とは、「Management Buy Out」の略。TOBと違い、MBOは買い手が「現経営陣」というところが異なります。MBOもTOBと同じように、株価が上昇するきっかけとなります。

ＭＢＯのおもな狙いは上場を廃止して非上場の企業となり、経営陣がオーナー経営者となることで、自由かつ機動的な経営ができるようになることです。
中小企業では、創業者の引退や死去にともなう事業継続や事業譲渡のためにＭＢＯが行われることがあります。

「買収防衛策」が廃止される

買収される側の同意を得ないまま、ＴＯＢなどを通じて企業の買収が行われることがあります。これを「敵対的買収」と呼びます。この敵対的買収を防ぐために講じられるのが、「買収防衛策」です。これには買収のターゲットにならないための「予防策」と、ターゲットにされたときの「対抗策」があります。

株式市場に上場している以上、誰もが自由に株式を売り買いできるのが当たり前。上場企業が買収防衛策を取り入れるのは、おかしいと私は思います。経営陣が保身のために買収防衛策を導入すると、株主や社員の不利益になることも考えられます。

これまで買収防衛策を取り入れていた企業が、その防衛策を廃止すると、株式は買いやすくなりますから、株価が上がる材料になります。買収防衛策は保守的だという投資家の批判が強まっていることなどもあり、三菱地所（東証一部・８８０２）や日本製鉄（東証一部・5401）など、大手企業でも買収防衛策を廃止するところが最近増えています。

●地方の証券取引所から東京証券取引所への市場変更（重複上場）

日本には、東京証券取引所（東証）以外にも、札幌、名古屋、福岡に証券取引所があります。地方の証券取引所から東証へ市場変更（もしくは2つ以上の取引所に重複上場）する企業は、成長が期待できますから、株価上昇の好材料となります。

日本の証券市場で活発な投資を行っている外国人投資家は、地方の証券市場に上場している銘柄は買いにくいのですが、それが東証へ出てきたら投資しやすくなります。東証株価指数（TOPIX）のような市場の指数と連動するファンドも、同様に投資しやすくなります。このように、投資に参加するプレーヤーが増えるほど、その株式に注目する投資家が増え、株価は上がりやすくなります。

前述のように、ファーストリテイリングは2000年に閉鎖された広島証券取引所から、ニトリホールディングスは札幌証券取引所とともに東証一部へ重複上場しました。地元の雄として愛されている企業を日頃から地道に探していれば、市場変更や重複上場にともなう株価上昇の恩恵が得られる可能性も高まります。

この他にも、東証二部から一部への市場変更、東証の新興市場であるマザーズやジャスダックから東証一部への市場変更も、同じようなカタリストになります。

かぶ1000流「実質PBR」とは？

株式や現金を豊富に保有するネットネット株の他にも、賃貸不動産などをたくさん保有するバリュー株があります。私はこれを「資産バリュー株」と呼んでいます。

すでに解説したように、資産バリュー株投資で重視するＰＢＲ（株価純資産倍率）は、資産に対して株価が割安かどうかを見る指数ですが、私はそこに「含み資産」をプラスして評価するようにしています。

「純資産」の中身は、おもに「資本金」「資本剰余金」「利益剰余金」の3つですが、ここに「含み資産」を加味するのです。

純資産に含み資産を含まない一般的なＰＢＲは、企業の現在価値を正確に反映しているとは言えません。時価で換算した賃貸等不動産という含み資産を１００％加味したＰＢＲ

● PBR＝株価÷1株当たり純資産

● かぶ1000流「実質PBR」＝株価÷含み資産を加えた1株当たり純資産

こそ、「実質PBR」だと私は思っています（これを、かぶ1000流「実質PBR」と呼ばせていただきます）。

不動産の売却を前提とする保守的な考え方では、賃貸等不動産の含み資産を70％しか含めないこともあります。

仮に1株当たりの純資産が1000円だとして、そこに「含み資産」が1株当たり500円あるとすると、1株当たり1500円と評価するのが、かぶ1000流です。

私が重視する企業の含み資産は、「賃貸等不動産」がメインです。

企業が所有する不動産には、「賃貸不動産」「遊休地」「工場」などがあります。このうち賃貸等不動産は「時価」、その他の土地や工場などは「簿価」で記載されます。

不動産で含み資産としてカウントするのは、決算短信や有価証券報告書の「賃貸等不動産関係」の項目で、期末時価が記載されている「賃貸等不動産」のほうです。

都心の駅前に賃貸用ビルを所有している企業の場合、簿価から値上がりしている可能性が高く、大きな含み資産となります。一等地の不動産であれば、買いたい人はすぐに見つかるでしょうから、現金化しやすいのです。

一方、簿価で記載されている工場用地などは含み資産には、組み入れません。広い土地に工場が建っていたとしても、それが人里離れた土地なら、資産価値はあまりありません。本業に差し障るので売るわけにはいきませんし、売ろうにも僻地《へきち》の工場用地を喜んで買う人がすぐに現れるとは思えません。

ただし、例外的に立地条件が非常に良い工場や遊休地などは、周辺の土地の価格と比較して、含み資産として加味する場合もあります。

各企業がどんな不動産を持っているかは、有価証券報告書にちゃんと書かれています。

私が株式投資を始めた頃は、有価証券報告書は証券センターに行かないと閲覧できませんでした。しかもコピーするのに1枚20～30円かかりました。100ページの有価証券報告書を全文コピーすると、2000～3000円もかかったのです。

今はパソコンでもスマホでも、有価証券報告書が手軽に読めるようになりました。

しかも、すべて無料ですから、含み資産のリサーチは以前よりも格段にやりやすくなっています。

(2) 会社別の主要な設備の状況

① 当社

(a) ビル事業

(ア) 賃貸用土地建物

名称	所在地	建物				土地		その他	合計
		規模	延面積（㎡）	帳簿価額（百万円）	竣工	面積（㎡）	帳簿価額（百万円）	帳簿価額（百万円）	帳簿価額（百万円）
大手町ビル	東京都千代田区	地上 9階 地下 3階	101,631 [2,285]	7,082	昭和33年	10,496	66,156	116	73,355
新大手町ビル	東京都千代田区	地上10階 地下 3階	88,784	6,105	昭和33年	8,530	50,674	139	56,919
大手町フィナンシャルシティノースタワー・サウスタワー	東京都千代田区	地上35階 地下 4階	62,311 [45,517]	16,615	平成24年	3,756	32,213	61	48,890
朝日生命大手町ビル	東京都千代田区	地上29階 地下 4階	— [49,295]	—	昭和46年	—	—	—	—
JAビル	東京都千代田区	地上37階 地下 3階	15,534 [32,264]	2,345	平成21年	1,165	13,274	7	15,626
経団連会館	東京都千代田区	地上23階 地下 4階	10,461 [16,642]	2,074	平成21年	679	8,070	23	10,168
大手門タワー	東京都千代田区	地上22階 地下 5階	64,156 [8,353]	19,206	平成27年	4,025	103,067	319	122,593
大手町パークビル	東京都千代田区	地上29階 地下 5階	151,708	57,511	平成29年	9,338	239,026	367	296,905
三菱UFJ信託銀行本店ビル	東京都千代田区	地上30階 地下 4階	76,544 [23,769]	5,779	平成15年	3,240	21,393	74	27,246
丸の内ビル	東京都千代田区	地上37階 地下 4階	159,907	29,450	平成14年	10,027	73,228	1,303	103,982
新丸の内ビル	東京都千代田区	地上38階 地下 4階	193,685	32,827	平成19年	9,983	97,888	304	131,020
丸の内オアゾ	東京都千代田区	地上29階 地下 4階	83,291 [16,045]	12,407	平成16年	6,280	39,288	205	51,901
東京ビル	東京都千代田区	地上33階 地下 4階	115,059 [18,374]	16,514	平成17年	8,068	53,521	191	70,227
三菱ビル	東京都千代田区	地上15階 地下 4階	61,136	4,567	昭和48年	5,461	39,804	56	44,428
丸の内仲通りビル	東京都千代田区	地上10階 地下 4階	46,102	2,914	昭和38年	4,808	28,030	20	30,964
丸の内二丁目ビル	東京都千代田区	地上10階 地下 4階	47,754	4,523	昭和39年	4,364	39,840	60	44,424
岸本ビル	東京都千代田区	地上11階 地下 2階	12,582 [462]	1,414	昭和55年	1,154	8,913	4	10,332
新東京ビル	東京都千代田区	地上 9階 地下 4階	106,004	7,987	昭和38年	9,827	56,187	273	64,448
国際ビル	東京都千代田区	地上 9階 地下 6階	73,640 [942]	6,618	昭和41年	5,807	34,847	460	41,926
新国際ビル	東京都千代田区	地上 9階 地下 4階	68,948 [480]	3,923	昭和40年	6,982	33,898	62	37,883
新日石ビル	東京都千代田区	地上11階 地下 2階	7,495 [406]	604	昭和56年	737	5,095	2	5,703
丸の内パークビル・三菱一号館	東京都千代田区	地上34階 地下 4階	204,729	40,443	平成21年	11,662	85,702	291	126,437

三菱地所（8802）有価証券報告書の保有不動産について

保有不動産を自分の目で見て確認してから株を買う

有価証券報告書で保有する不動産を調べることはできますが、その不動産に本当に価値があるのかは有価証券報告書を見ただけではわかりません。

地図と周辺画像が連動する「グーグルアース」(https://earth.google.com/web/)を利用すれば、ネットで周囲の環境などは確認できますが、やはり現地に足を運んで自分の目で確かめるのがいちばん確実です。

そもそもグーグルアースの画像は1年以上前のものであることもあり、現状は変わっているかもしれません。現地に足を運べば街の雰囲気も肌で感じられますし、街の変遷ぶりや再開発の情報を住民たちから得られることもあります。

投資ではパソコンやスマホで得られる情報だけでなく、足で稼いで集めた現場の情報も重要だと私は思っています。**現地に足を運んで実際に不動産を見れば、「有価証券報告書に記載されている価値が本当にあるのか」がはっきりするのです。**

私は岐阜県在住ですが、年20回くらいは新幹線に乗って東京へ出向きます。株主総会に出たり、投資家同士のオフ会に参加したりするためですが、やはり東京に行くことで、銀座、丸の内、日本橋、渋谷といった都心を自分の目と足で見て回り、定点観測をしながら、どこにどんな物件が新たにできているかを確認することが楽しいからです。

都心を見て回るのは、自分で不動産を買うためではなく、東京の一等地に含み資産になりそうな不動産を持っている、資産バリュー株候補を探すために現地を回っているのです。

以前買ったユニゾホールディングス（東証一部・３２５８）は、東京駅周辺の八重洲に保有する物件のすぐ側まで再開発が進み、いずれユニゾホールディングスの物件まで再開発が至るだろうと現地を実際に見たことで予測し、資産バリュー株として購入しました。

ユニゾホールディングスは不動産やホテルを手がける企業で含み資産も多く、アメリカにも不動産を所有していました（さすがにアメリカまで行くのは大変なので、その確認はグーグルアースで済ませました）。

不動産の含み資産に目をつけたソフトバンクグループか外資系ファンドあたりが買収するのではないかと踏んでいましたが、２０１９年に旅行大手のエイチ・アイ・エス（東証一部・９６０３）が新たに筆頭株主になったことから、ＴＯＢ（株式公開買い付け）が行われる可能性があると予測して買い増ししました。

すると実際、2019年7月10日にエイチ・アイ・エスがユニゾホールディングスに対し、敵対的TOBを表明して株価が高騰。そこで1700万円以上の利益を得て、利益確定しました。敵対的TOBとは、買収者が、買収対象企業の取締役会の同意を得ないで買収を仕かけることです。

この話には後日談があります。その後、エイチ・アイ・エスの敵対的TOBを嫌ったユニゾホールディングスの方針を踏まえて、外資系ファンドを交えた争奪戦が起こり、株価はさらに大きく上昇したのです。

利益は得たものの、もう少し状況を的確に把握して持ち続けることができれば、さらに大きな利益を得られただけに、やや反省が残る取引となりました。

以前、福岡でスーパーマーケットを展開している「マルキョウ」という企業を、資産バリュー株として投資対象にするかどうかを迷った際は、友人の投資家と現地まで足を運び、1店ずつ店舗を見て回りました。

店舗まで足を運んで、「この土地、簿価の5000万円は高いか、安いか」「マンション用地として買ってくれるデベロッパーが現れるか」といった熱い議論を仲間と交わしました。1店当たり5000万円の時価があるなら、10店舗で時価5億円。それを含み資産として加えてみて、高いか安いかを判断するのです。

長年地元で愛されているスーパーでもあることから、マルキョウに投資してしばらくした頃、西日本のスーパーのチェーンストアを傘下に置くリテールパートナーズ（東証一部・8167）に株式交換によって買収されることが決まりました。

さらに私の予想した通り、合併比率が1対1となったことから、株価が高騰。その時点で手放して800万円近くの利益を得ることができました。


パソコンやスマホでサクッとわかる有価証券報告書やPBRなどのデータと違い、現地まで足を運んで資産を精査するのは面倒に思えるかもしれません。しかし、こうした調査は私にとっては楽しいものであり、大変だと思ったことはありません。

企業の利益は状況次第でコロコロ変わることも多いのですが、資産として保有している不動産の中身は急激には変わりません。一度調べておけば、あとはその不動産を売ったかどうかを有価証券報告書などでチェックすれば済みます。

足を使いながら詳しく調べれば調べるほど、投資の精度が上がるのも、資産バリュー株投資の特徴だと私は考えています。

ＪＲ東日本、三菱地所は滅多にないバーゲンセールかもしれない

２０２０年３月のコロナショックで株価を大きく下げた銘柄はたくさんありました。そのタイミングで、私が買い増した銘柄が２つあります。東日本旅客鉄道（ＪＲ東日本／東証一部・９０２０）と三菱地所（東証一部・８８０２）です。２社とも、コロナショックや天変地異のような外部環境の大きな変化がない限り、価値が下がらない銘柄だからです。

ＪＲ東日本と三菱地所が株価を下げたのは、アフターコロナ時代では在宅勤務やテレワークが主体になると考えられたからです。

外出する人や通勤する人が減ってしまうと、ＪＲ東日本の収益は落ち込む可能性があります。オフィス需要が減れば、三菱地所のようにオフィス用の物件を多く抱えている不動産デベロッパーには逆風となります。

実際、富士通は国内のグループ会社を含めたオフィススペースを、２０２３年までに半減させると正式発表しました。米サンフランシスコに本社を置くツイッター社は、希望する社員には、在宅勤務を「永久に認める」としています。

また、人材派遣大手のパソナグループは、東京にある本社機能を兵庫県の淡路島に移転し、2021年春までに営業・人事部門などの社員約1000人を淡路島に移動させる方針を明らかにしています。

世の中の流れを見ると、JR東日本と三菱地所の株価が下がるのも無理はありませんが、私はこれを滅多にないバーゲンセールだと思っています。両社とも、不動産の含み資産が非常に大きいからです。

JR東日本の主軸は運輸事業ですが、土地保有額は日本トップクラスです。駅と線路を保有しているだけでなく、駅ビル型ショッピングセンター「ルミネ」や「メトロポリタンホテルズ」「JR東日本ホテルメッツ」などを幅広く展開しています。JR東日本の賃貸等不動産の含み資産は、1兆5488億円もあるのです。

東京の玄関口であり、皇居の真正面という超一等地に威風堂々と構える東京駅も、JR東日本の持ち物。そもそも東京駅は、皇居から近いところに、東京のシンボルとなるような駅を作ろうという意図で作られました。

ちなみに、私の東京での定宿は、東京駅丸の内駅舎内にある「東京ステーションホテル」ですが、このホテルもJR東日本の関連会社が所有しています。

どんなに時代が変わっても、超巨大地震でも起こらない限り、東京駅や東京ステーションホテルの価値が下がることはないだろうと私は思っています。

鉄道事業と不動産業の他にも、ＪＲ東日本には電子マネー「Ｓｕｉｃａ」（スイカ）事業があります。

日本でもようやくキャッシュレスが浸透しつつあります。多くのキャッシュレス事業者がしのぎを削っていますが、継続して黒字になっているのはＳｕｉｃａだけ。Ｓｕｉｃａの発行枚数はおよそ８０００万枚もあり、「電子マネーはＳｕｉｃａだけあればいい」と断言している人もいるほどです。

一方の三菱地所は日本でもっとも大きな不動産デベロッパーです。「丸の内の大家さん」という異名を持つように、東京駅と皇居に隣接しているオフィス街である丸の内エリア（大手町や丸の内、有楽町）に多くのビルと土地を所有しています。保有する賃貸等不動産の含み資産は４兆２２２５億円に達します。

三菱地所は、バブル経済がピークを迎えた１９８９年、アメリカ・ニューヨークの象徴的存在であるロックフェラー・センター（14棟）を約２２００億円で買収したことでも知られます。バブル崩壊で大赤字を出して売却するなど、三菱地所が買収した14棟のうち12

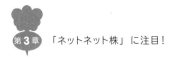

棟は売却されましたが、現在も2棟を所有しています。

在宅勤務によるオフィス需要の縮小や、この先の人口減少でデベロッパーの経営は苦しくなると予想する人もいます。でも、「丸の内」という唯一無二の価値は、そう簡単には揺るがないと私は考えてます。

そんな東京の超一等地で長年大家さんをしているのが、三菱地所。さらに三菱地所が主体となり、丸の内エリアの大規模な再開発が２０３０年まで続く予定です。

不動産の含み益を加味した「実質ＰＢＲ」は、ＪＲ東日本が０・48倍、三菱地所が０・36倍です（いずれも２０２０年10月22日現在）。これは東京ステーションホテルが時価の52％引きで、丸ビルが時価の64％引きで売られているようなものですから、買わない手はありません。

ＪＲ東日本と三菱地所の業績や株価がこの先もとに戻らなかったら、不動産という資産に過度に期待した自分が間違っていたと素直に認めるしかありません。でも、世界中で金融緩和がいっそう進み、超低金利が継続中の今、いずれ超一等地の不動産を持つ企業は見直されると、私は考えています。

資産バリュー株の実例・宇野澤組鐵工所

ＪＲ東日本と三菱地所といえば、誰でも知っている有名な銘柄ですが、この章の最後に、ほとんど知られていない資産バリュー株を紹介します。

それが宇野澤組鐵工所（東証二部・６３９６／以下、宇野澤組）です。

宇野澤組は、東京都大田区にある売上高約46億円規模の中小メーカーです。風水力機械や真空ポンプなどを製造しています。

宇野澤組は、実質ＰＢＲが0.2と激安ですが、業績はあまり振るわず、利益も上がっていません。それでも投資対象となるのは、不動産の含み益がスゴいからです。

宇野澤組は、１８９９年に東京都港区で創業し、１９０７年にはお隣の渋谷区恵比寿に事務所と工場を新築して移転しています。

のちに恵比寿の渋谷工場を、大田区にある玉川工場へと統合。渋谷工場の跡地に、東急不動産と共同で「ウノサワ東急ビル」を建設しました。不動産事業への進出です。バブル期直前の1984年のことでした。

ウノサワ東急ビルは、JR恵比寿駅から徒歩3分と抜群の好立地にあり、地下1階・地上7階で、延べ床面積は5000坪を超えています。

続いて2003年には、恵比寿の社有地の一部を譲渡し、近隣の地権者とともに、「恵比寿ビジネスタワー」を建設します。恵比寿ビジネスタワーは、JR恵比寿駅から徒歩2分とやはり抜群の好立地。地下1階・地上18階の高層ビルであり、延べ床面積は8500坪を超えています。

これらの賃貸不動産からの収益は、年間5億円に上ります。

宇野澤組の純資産は20億円程度ですが、恵比寿の不動産を売却すれば100億円以上になります。それに加えて大田区の工場の土地もあります。これらを勘案すると実質PBRはなんと0.1倍台なのです。これはすべての上場企業で、もっとも割安な部類に入ると私は思っています。

こうした実態を踏まえて、私は宇野澤組に投資しています。

宇野澤組には企業も注目しており、ウノサワ東急ビルを共同で建設した東急不動産が、株式の買い増しをしています。

アポなし会社訪問でネットを騒がしてしまう

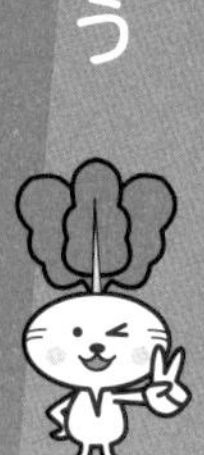

宇野澤組は現在、東京・大田区に工場を構えています。その不動産の価値が気になった私は、東京へ出向いた際に現地まで足を延ばしました。

そこでちょっとした事件が起こります。ネットを「かぶ１０００　アポなし会社訪問」と騒がすことになったのです。

最初の目的は、工場の場所を確認することでした。私は初めからアポなし会社訪問を意図していたわけではありません。

工場の周りを歩いてみると、低い壁で囲われているだけ。騒音や臭いが出ていることもありませんでした。周囲は住宅地ですが、「これなら周辺住民との関係も良好だろう」と思いました。

正門に回ってみると、敷地内にある本社ビルは立派なのに、入り口付近に古い木造の小屋のような建物が建っていました。

その両極端のコントラストが気になった私は、たまたま通りかかったヘルメット姿の従業員の方に「お時間、大丈夫ですか？　私はこの会社の株を買っている個人投資家です。気になることがあるので、もし可能ならＩＲ担当の方に直接お会いできないでしょうか？」と頼んでみました。すると、その方がご丁寧に取り次いでくださったのです。

対応してくれた社員さんは「あいにくＩＲ担当の社員は席を外していますが、総務なら対応できます」と教えてくれました。

総務の担当者は、会議室で対応してくれました。そこで「うちの会社に興味を持ってくださり、ありがとうございます。会社訪問してきた個人投資家は初めてですよ！」と喜んでくださり、１時間以上も私と話をしてくれました。

私は、「あまり利益が出ていない製造部門を縮小して不動産業をもっと広げるつもりはないのか」「東急不動産との関係はどうなのか」「株主構成はどう変わるか」といった気になるポイントを尋ねました。

そして最後に気になっていた入り口の小屋の正体を尋ねたところ、「あれは守衛さんの詰め所です。**当社は利益を生まないところには、極力お金をかけない主義なんです**」と教えてくれました。

その答えを聞いて、私は改めて好感を持ちました。利益を生まないところに投資しない

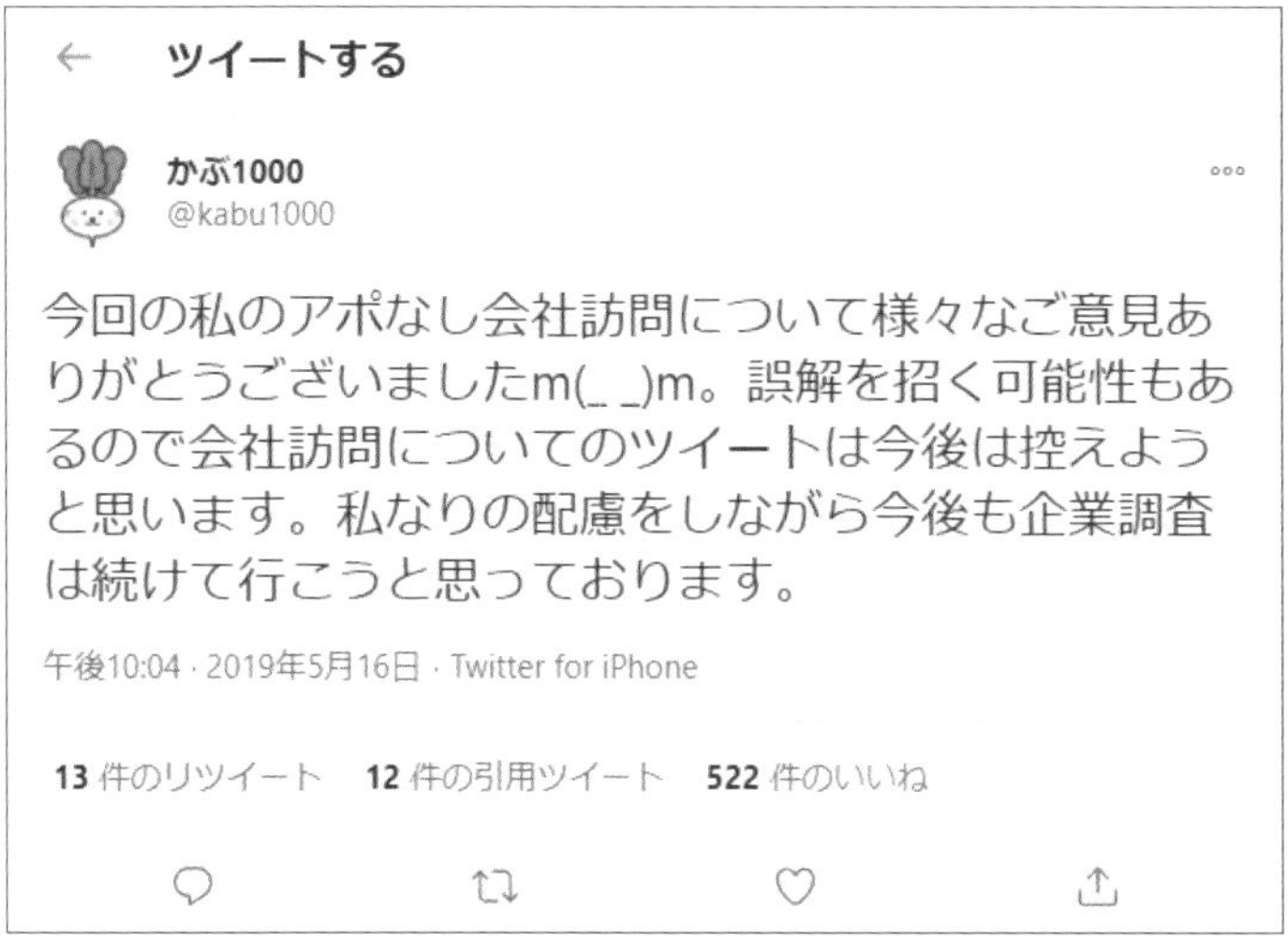
ツイートする
かぶ1000
@kabu1000
今回の私のアポなし会社訪問について様々なご意見ありがとうございましたm(_ _)m。誤解を招く可能性もあるので会社訪問についてのツイートは今後は控えようと思います。私なりの配慮をしながら今後も企業調査は続けて行こうと思っております。
午後10:04 · 2019年5月16日 · Twitter for iPhone
13 件のリツイート　12 件の引用ツイート　522 件のいいね

というのは、私のようなバリュー株投資家の考え方とベクトルが完全に一致していたからです。そして、この訪問後、宇野澤組の株を買い増ししました。

念のために付記すると、機関投資家でもアナリストでもない一介の個人投資家が、「会社訪問させてください」「IR担当の方と直接話をさせてください」と電話で頼んだとしても、残念ながら受け入れてもらえないことがほとんどでしょう。1人ひとりの個人投資家に個別で対応するのは、現実的には難しいからです。

私のケースでは幸運にも宇野澤組の総務のご担当者が、非常に親切に対応してくださったのです。本当にありがとうございました！

KABU1000

第4章

かぶ1000流『会社四季報』活用術

中学3年生からの筋金入りの『四季報』読者

バリュー株投資にしろ、成長株投資にしろ、日本の投資家には頼れる武器があります。それが『会社四季報』（以下、四季報）です。

四季報は、東洋経済新報社が年4回発行している投資家のための企業情報誌で、全上場企業を網羅しています。年4回の季刊誌だから四季報。戦前の1936年に発行が始まり、戦争を挟んで80年以上続いています。

私がバリュー株投資でここまで資産を増やせたのは、四季報の助けがあったからです。

私は中学3年生のときから四季報を読み続けています。

初めて四季報を手に入れたのは、偶然の出合いから。中学校からの帰り道、資産家らしいお屋敷の敷地の外に四季報や株に関する本が、まとめてゴミとして出されているのを発見したのです。私はインターフォンを押して、その家の人に「もらってもいいですか？」と許可をいただいてから持ち帰りました。

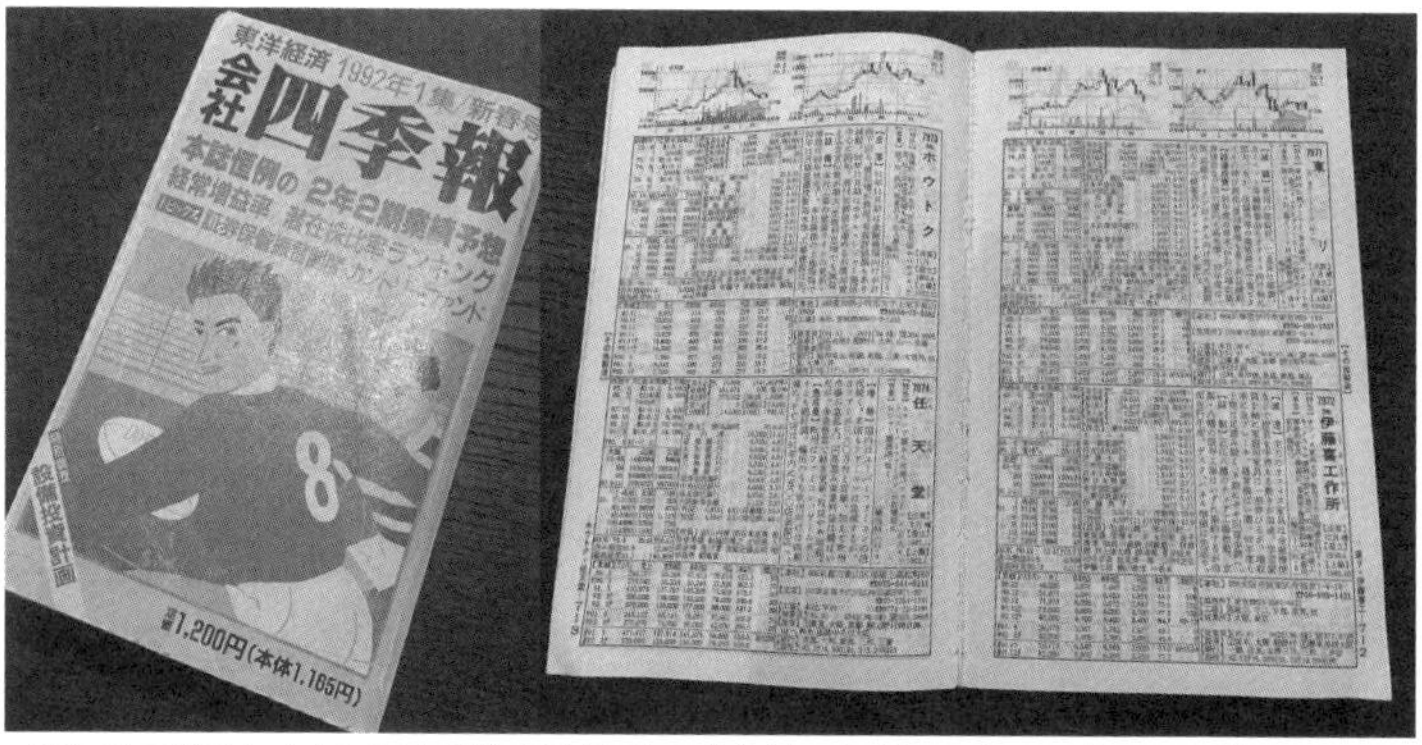

●初めて購入した1992年1集（新春号）の『会社四季報』は今でも大切に保管している

その後は前述のように、出入りしていた証券会社から、１シーズン前の四季報をタダでもらって読んでいました。現在のようにインターネットを介して気軽に情報を得られる時代ではありませんでしたから、たとえ１シーズン前のものでも貴重な情報源でした。

初めて四季報を自分で買ったのは、１９９２年の２５４号でした。それから年４冊、欠かさず買い続けており、蔵書は現在１２０冊以上あって、すべて自宅で保管しています。

現在、四季報は１冊２３００円で、紙媒体も電子書籍も同じ値段です。ネット証券などの情報はタダですから、「ずいぶん高いなぁ」と思えるかもしれません。

でも、四季報には全上場企業３７８５社の情報が凝縮されています。１社当たり、わずか60銭程度で基本的な情報が得られるのですから、これほどコスパの良い投資情報源はないと私は思っています。証券会社のアナリストたちでさえ、４０００社近い全上場企業をカバーするようなリサーチはできません。

ネットネット株に代表されるバリュー株投資では、あまり注目されていない地味な銘柄に投資します。そうした銘柄の基本的な情報を得るには、四季報を辞書的に使うのがもっとも効率がいいのです。

英語の勉強に英和辞典が欠かせないように、株式投資には四季報が不可欠。英和辞書は収録されている単語数が少ないと困りますから、単語数ができるだけ多いものを選ぶべきですが、四季報は全上場企業が載っているのです。

私が紙媒体の『四季報』をあえて買い続ける理由

証券会社に口座を開けば、四季報の情報の一部が見られます。また、電子書籍もありますが、私は四季報を紙の本で買い続けています。それにはきちんとした理由があります。

四季報は縦軸の読み方と、横軸の読み方ができます。そうした読み方は、紙媒体でしかできないと私は思っているのです。

前述したように、**四季報の縦軸の読み方とは、同じ銘柄を現在から過去に遡って調べること。横軸の読み方とは、すべての銘柄との現状比較です。**

☆かぶ1000流『四季報』の読み方

●**縦軸の読み方＝同じ銘柄を現在から過去に遡って調べる**

●**横軸の読み方＝すべての銘柄との現状を比較する**

どちらの読み方も、私は紙媒体のほうが容易にできます。長年使い慣れていますし、電子書籍よりも眼が疲れないからです。

証券会社で得られる四季報の情報は、毎回最新版に更新されてしまいますから、過去と比べられません。

情報は鮮度が高いほど良いのですが、過去との比較から得られる情報もあります。縦軸でそれを読み取るには、バックナンバーを手元に置くのが、もっとも確実な方法です。

サイト上の四季報では、無料で得られる情報はごく一部です。それに、注目していなかった銘柄が、何かのきっかけで突然気になり始めることはよくあります。

紙媒体でストックしておけば、所有している範囲内で過去に遡って比較&分析できますが、サイト経由ではそれはできません。だから私は古い四季報を決して捨てないでとっておくのです。

私には横軸の比較にしても、サイト経由や電子書籍より、結局は紙媒体のほうがサクサクとはかどります。紙媒体が何より良いのは、付箋をつけて自分の投資する銘柄の整理がしやすいところ。その方法については、のちほど詳しく解説します。

『四季報』でほしい銘柄を見つける

繰り返しになりますが、バリュー株投資の真髄は、過小評価されている銘柄を安く買い、市場から再び注目される材料が出て再評価されるタイミングを見極めることです。

そこで私は、四季報で「3年以内に再評価されるタイミングが来る」という予測が立つ銘柄を探しています。

「なぜ3年以内なのですか?」とよく聞かれます。

3年以内というのはあくまで目安であって、ピッタリ3年以内でなくても、2年以内でも、4年以内でも良いのですが、いずれにしても10年先、15年先とあまり先のことは誰にも予測できません。予測できても、せいぜい3年以内くらいが妥当だと思っているだけなのです。

再評価されて〝開かずの財布が開く〟タイミングが来なかったとしても、投資した際の予測が崩れていなければ、そのまま持ち続けることもあります。

2019年の年末の段階で、新型コロナウイルスに振り回されることになる2020年の株式市場の状況を正しく予測できた人はいなかったでしょう。株式市場は何が起こるかわからないのですが、だからといって予測を立てることを放棄できません。

予測を立てる私なりの目安として「3年以内」という基準がありますが、コロナショック後に買い増した前述のJR東日本と三菱地所は、四季報を踏まえて3年以内には今よりも良くなるだろうという予測を立てています。

ただし、過去には7年間売り買いを繰り返しながら、大きな利益を得て報われたケースもあります。四季報の読み方に限らず、自分なりのルールを作ることは大切ですが、それに縛られ過ぎると失敗するケースもあるのです。

あまり長く持ち続けると資金効率が悪くなる恐れもありますから、そこはケース・バイ・ケースで臨機応変に対応しなければなりません。

横軸の比較で見るのは「ＰＢＲ」「ＰＥＲ」「自己資本比率」「設備投資」

四季報の横軸の比較でまず目を向けるのは、「ＰＢＲ」「ＰＥＲ」「自己資本比率」「設備投資」の４つです。

おさらいですが、ＰＢＲ（株価純資産倍率）は、企業の純資産に対し、株価が高いか、安いかを示すもので、数値が低いほど割安。ＰＢＲが1.0倍なら純資産と時価総額が同額で、ＰＢＲが0.5倍なら時価総額が純資産の半分ということ。不動産にたとえるなら、評価額１０００万円の土地に５００万円の値段がついているようなものですから、お値打ちです。

日本には、ＰＢＲが１倍未満の企業がたくさんあります。これは投資家目線に立つと異常な話です。純資産は企業が解散する際に残る資産（解散価値）であり、その解散価値を時価総額が下回っている企業が多いのです。

1000万円の純資産があるのに、時価総額では500万円の評価しかないとすると、500万円で買って解散したほうがおトクとも言えます。

仮に、10万円のスマホを分解してパーツを売れば、総額20万円になるとしたら、分解して売ってしまったほうがおトクです。同じように、**PBRが1倍未満ということは、市場は会社の事業価値をゼロ以下と判断しているということです。アメリカでは、赤字の企業を除けば、PBRが1倍未満の会社はほとんどありません。**

日本でPBRが1倍未満の会社があるのは、企業が保守的で株主のほうを向いておらず、IR活動にも消極的なのが一因でしょう。宣伝しないとモノが売れないように、株式だってIR活動を積極的に展開しないと売れないのです。

すでに触れたように、私はPBRの逆数を「割引率」（61ページ参照）としており、四季報のPBRを入り口として純資産の中身を吟味しながら深掘りします。

繰り返しになりますが、私が重視するのはPBRそのものではなく、時価評価した含み資産をプラスした「実質PBR」です。

PERは、企業の収益に対して、株価が高いか安いかを示すもの。四季報には、「予想

株式益利回り（%）＝
（1株当たり当期純利益 ÷ 株価）× 100

ＰＥＲ」と「実績ＰＥＲ」が掲載されています。

予想ＰＥＲは、企業が行う業績予想を元に算出したもの。一方の実績ＰＥＲは、文字通り、過去の実績ベースであり、「高値平均」と「安値平均」があります。

高値平均は過去３年間の実績に基づいた上限で、安値平均とは過去３年間の実績に基づいた下限です。

予想ＰＥＲはあくまで予想で状況に応じて変わりますが、実績ＰＥＲは高値平均に近づくと割高感、安値平均に近づくと割安感が出てきたと判断できます。

仮に高値平均が20倍、安値平均10倍の銘柄のＰＥＲが50倍になったら、過去の数値から見て割高に評価されているとわかります。逆にＰＥＲが5倍になったら、過去の数値から見て割安に評価されているとわかります。

前述のように私は、ＰＥＲを逆数（1／ＰＥＲ）にして、「株式益利回り」（63ページ参照）として評価します。

株式益利回りとは、１株当たり当期純利益を株価で割ったもの。ＰＥ

Ｒが低いほど株価は割安ですが、逆数にした株式益利回りは高いほど、株価が割安ということになります。

２０２０年12月１日現在の日経平均株価の予想ＰＥＲは24倍ですから、株式益利回りは4.1％（１／24）となります。ＰＥＲがこれよりも高く、株式益利回りが4.1％以下だったら、リスクを背負って個別株を買うのではなく、日経平均と連動するインデックスファンドを買ったほうが合理的な投資ということになります。

「低ＰＢＲ」で「低ＰＥＲ」の銘柄は、より割安

たとえば、ＰＢＲが0.5倍でＰＥＲが5.0倍という銘柄は、１０００万円の価値がある会社が半額の５００万円で買えるうえに、株式益利回りが年20％（１／５）もあり、毎年１００万円の利益が出るということです。非常にお値打ちだと言えるでしょう。

「ＰＥＲ×ＰＢＲ」は「グレアム指数」（ミックス係数）と言われており、それが22・５以下だと割安と評価されます。

グレアム指数はこう見る！

PER × PBR ＝ グレアム指数（ミックス係数）
22.5未満だと割安とされるけれど、
かぶ1000流は 5.0未満を割安 と評価

全銘柄の10％未満で投資対象を絞りやすい！

企業の価値は、どのくらいの利益が出せるかと、どのくらいの純資産があるかで決まります。おさらいすると、前者を見る指標がＰＥＲ、後者を見る指標がＰＢＲです。

利益も純資産も大切です。利益は出せるけど純資産が少ない企業、逆に純資産は多いけど利益が少ない企業は、バランスが良い企業とは言えません。

そこで利益面でも純資産面でも、割安で価値ある銘柄をスクリーニングする際に用いられるのが、グレアム指数（ミックス係数）なのです。

ただし、私はより厳しくグレアム指数が5.0未満を割安と評価します。

ＰＢＲだけでは純資産の中身が吟味できないので、控えめに見る必要があるからです。さらに、日本では割安な銘柄が増えているので、22・5だと数多くの銘柄がスクリーニングされますが、5.0未満だと10％未満となり、投資対象が絞られるメリットがあります。

同時に注目したいのは、「時価総額」（株価×発行済株数）。

バリュー株投資の基本は、時価総額が、「換金性の高い流動資産」から「総負債」を引いたものよりも小さい割安銘柄を狙うことだからです（111ページ参照）。

他の銘柄と比べると時価総額が小さいのに、みんながよく知っている銘柄だとしたら、成長するチャンスがありそうだと考えられます。前述の事業家的企業価値（PMV＝59ページ参照）では、企業の価値をざっくり把握するために、時価総額を参照にしています。

「自己資本比率」で健全性を見極める

次に四季報で見て欲しいのは、「自己資本比率」と「設備投資」の項目です。

投資先としては、企業の事業規模や売り上げ規模に注目しがちですが、そうした外見にとらわれずに投資をすることも大切です。

長期的な投資につなげるには、自己資本比率から「健全性」を推し量るべきです。自己資本比率が高ければ、一時的に業績が悪化して赤字に陥っても、コロナ禍のような危機に

自己資本比率（％）＝自己資本÷総資産（自己資本＋他人資本）×100

も耐えることができるからです。

自己資本比率とは、負債及び純資産の合計額である「総資産」のうち、返済不要の自己資本がどの程度占めているかを表わす指標で、上の式で算出します。

「自己資本」は返済義務のないお金であり、「他人資本」は借入金・買掛金・支払手形など、外部から調達した返済義務があるお金です。自己資本比率が低いと、他人資本の影響を受けやすく、経営の健全性が低下します。自己資本比率が高いほど、経営の健全性が高まるのです。

会社の総資産が１００億円で自己資本が10億円なら、自己資本比率は10％。10倍の財務レバレッジがかかっていることになります。

レバレッジをかけると少ない資本で大きな資金を活用するため、利益が出たときは自己資本に対して大きな利益を得ることができます。逆に総資産の1割である10億円を失ったら、自己資本がゼロになってしまいます。それだけリスクが高いのです。

総資産が１００億円で、自己資本が60億円なら、自己資本比率は60％。レバレッジは１・66倍となり、たとえ総資産が半分になっても、マイナ

自己資本比率とは？

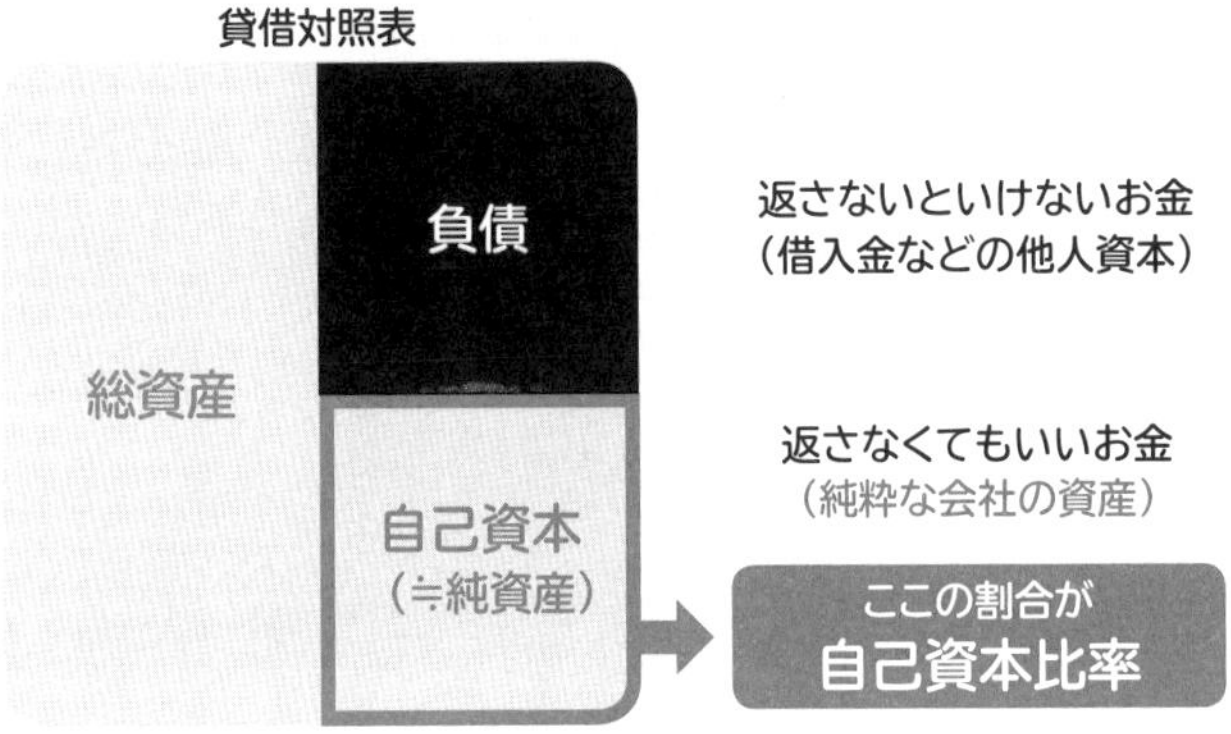

※厳密には純資産からいくつかの項目を除いたものが自己資産だがほとんどのケースでほぼ同額になる

スになることはありません。それだけ安全域が大きいのです。

同じセクターなら、自己資本比率の高い銘柄のほうが安心です。ただし、セクターや業種によって、自己資本比率は大きく変わりますから注意が必要です。

銀行は自己資本比率が低い傾向があります。預金者からの預金をもとに、それを貸し出して利益を上げるのが銀行のビジネスモデルですから、低くて当たり前なのです。日本のメガバンクの自己資本比率は、5～10％くらいです。

一方、サービス業は自己資本比率が高いところが比較的多いです。設備投資などの固定資産を持たなくても済むからです。

固定資産が必要な製造業は、自己資本比率のバラツキが大きいです。製造業の大企業の自己資本比率の平均は40％程度ですが、村田製作所（東証一部・6981）は75％以上、任天堂（東証一部・7974）はおよそ80％と高い自己資本比率を示しています。

横軸での比較（同じセクター内にある他の銘柄との現状比較）も大切ですが、縦軸（同じ銘柄を現在から過去に遡る）で経年変化を見る視点も忘れないようにしましょう。

自己資本比率が年々高まっていれば、健全性も同時に高まっていると言えます。

設備投資の更新頻度はどうなっているか

次にチェックするのは、「設備投資」です。

四季報では、1年間にどれぐらい設備投資をしたかがわかります。設備投資が活発なほど事業活動も活発でポジティブなイメージがありますが、問題は金額ではなく、その実態です。

設備投資では、それを頻繁に更新し続ける必要があるのか、「減価償却」が終わった後も設備を使い続けて利益を生み続けるかどうかを見極めます。減価償却とは、長く使い続ける設備などの固定資産にまつわる出費を、使用期間にわたって費用配分することです。たとえば、パワーショベルやクレーン車といった建設機械（建機）レンタル業界では、建機という設備投資は頻繁に更新し続ける必要がないうえに、減価償却が終わった後でも中古品として売却すれば利益を生み出します。

設備投資に目を向けた投資例として有名なのは、ベンジャミン・グレアムの高弟ウォーレン・バフェットが1972年に買収した「シーズ・キャンディ」です。シーズ・キャンディは、アメリカ西海岸の伝統的な企業で、箱詰めされたチョコレートを製造販売しているお菓子メーカーです。当時は800万ドルの純有形固定資産を使って400万ドルの税引き前利益を出していました。

同社は強力な価格決定力を持つ競争優位性が高い企業だったので、追加の設備投資もわずかな金額で済み、毎年のように設備投資をする必然性はなかったのです。

これと対照的に自動車や半導体、液晶ディスプレイなどのメーカーのように、グローバルな競争に晒されて新製品を出し続けている企業は、巨額の設備投資が求められます。しかも設備投資の減価償却が終わらないうちに、設備が古くなって価値が落ちることもあります。

その点、お菓子メーカーは、グローバルな競争をあまり心配しなくても大丈夫です。なぜなら、強力な定番商品があれば、新たな設備投資が求められるような新製品を出し続けなくても済むからです。

ウォーレン・バフェットは、シーズ・キャンディの買収で１９７４年から２０１４年までに累積19億ドルの税引き前利益を得ることができました。買収額２５００万ドルに対して、実に76倍の利益を得たことになるのです。

「株主構成」の変化と「外国人投資家」の比率に目を向ける

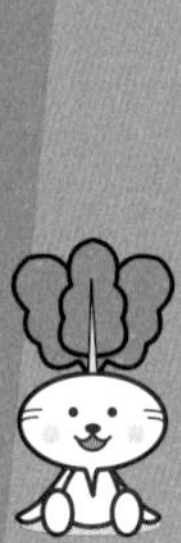

四季報には、「株主」という項目があります。株主名簿上位10位までの大株主の構成を示しており、持株数が多い順に「株主名」「持株数」「持株比率」などが表示されています。

大株主の構成が大きく動くときは、それが株価に反映する可能性があります。

大株主に、いわゆる「モノを言う株主」であるアクティビスト系の外資系ファンドが加わったら、「増配」や「自社株買い」などの株主還元が実施される可能性があります。

いちばん注意が必要なのは、経営陣が株を売って保有率が大きく下がるパターンです。彼らは企業の内実をいちばん知っているインサイダー（内部者）だからです。

沈没しそうな船から、船長が我先に逃げ出したら、船の命運は尽きます。経営陣が自分の会社の株を売るのは、船長が逃げ出すようなものなのです。

逆に高く評価したいのは、経営陣が株を買い増して保有率を大きく上げるパターンです。内実を知るインサイダーが買っているのですから、投資家にとってはかなりポジティブな評価となります。

同じように注視したいのは、従業員が自社の株を買う「従業員持株会」とストックオプションの有無、さらに株主構成における持株会の位置です。

企業とその社員は、いわば運命共同体です。持株会があり、株主構成で順位が上がっているとしたら、企業と社員の利害関係が一致し、一体感があるとポジティブに評価します。

ストックオプションは、社員が頑張って働く意欲を引き出すインセンティブになります。

有価証券報告書のストックオプションの項目では、どのくらいの「権利行使価格」で株式が買えるかが書かれています。

「株主」の項目には、〈外国〉という表示があります。これは外国人投資家が所有している株数の割合を示しています。

ここでいう外国人投資家とは、一般的に日本に居住していない外国籍の法人・個人投資家のことを指します。

日本株を保有している外国人投資家の比率は約3割ですが、売買シェアで見ると外国人投資家が6割以上を占めています。外国人投資家は日本人の投資家よりもアクティブで、市場の変化を敏感にとらえて積極的に売買をしています。

こうした状況を踏まえると、株主の外国人投資家の比率（外国人持ち株比率）も気にしたいところです。外国人持ち株比率が高い銘柄のほうが、相場の変動を敏感に反映しやすくなります。

相場全体が上がるときには、外国人持ち株比率が高い大型株から上がります。相場全体が下がるときは、外国人持ち株比率が高い大型株から売られる傾向があります。

相場が下がったときに割安の株を見つけるとしたら、外国人持ち株比率が高い大型株のほうが上昇局面では株価が戻りやすいと言えるでしょう。

外国人持ち株比率が高いと、コーポレートガバナンス（企業統治）にも影響が出ます。

ソニー（東証一部・6758）の株式は、外国人投資家が56・7％所有しています。

ソニーは一時期業績が低迷しましたが、アクティビスト系の外資系ファンドなどの圧力もあって不採算部門を切り離し、ゲーム、金融、音楽、半導体、カメラなどに注力した結果、見事にV字回復を果たしました。時価総額は約12兆円と、日本企業の時価総額ランキング第5位となっています（2020年12月1日現在）。

「設立年月」も雄弁にバリューを語ってくれる

私が四季報でよく見ているのは、「設立」という企業の設立年月の項目です。

なぜ設立年月をよく見るのかというと、企業の設立年月が古いほど、不動産などの簿価が低く、含み資産が大きい傾向があるからです。

たとえばJR東日本は、旧国鉄時代からの不動産をたくさん受け継いでいます。昔の不動産ほど簿価は低いわけですから、それだけ含み資産が大きくなります。

逆にバブル期に創設された企業の不動産は、高値で掴んでいる可能性があります。アベノミクスで不動産などの価値が上がったとはいえ、とくに地方などではバブル期に買った値段まで戻っていないところもありますから要注意です。

設立年度が古い企業で注視したいのは、設立してから、これまでの歩みです。

ここ10年に限っても、東日本大震災、アベノミクス、新型コロナ感染拡大という3つの大きな出来事があり、そのたびに企業の株価も業績も激しく動揺しました。

歴史が長い会社ほど、そうした予測できない出来事による荒波を乗り越えてきた経験があります。乗り越えられなかったら、倒産して株式市場から退場していたでしょう。

人間は危機を迎えたとき、真価が問われるとよく言われます。それは企業でも同じことなのです。存亡が問われるような危機に直面したとき、どう対処したかが、その企業の本質を表わしているケースは少なくありません。

長い歴史で幾度となく訪れる危機をどう乗り越えたかは、四季報ではわかりません。気になった銘柄は、有価証券報告書を遡ってチェックしています。

有価証券報告書の「沿革」というところには、これまでの企業の歩みがきちんと書かれ

ています。

それを読み込んでみると、今回のコロナ禍のような不測の事態にどのように対処して、乗り越えられるかが、ある程度想像できるようになります。

そのうえでピンチに強い体質だと判断できたら、割安に評価されているタイミングで、あえて投資するという選択もあり得ます。

私がよくチェックしているのは、リーマンショック後の2008年と2009年の業績です。

2008年度通期は、あのトヨタ自動車ですら、当期純損益4370億円の赤字に転落しています。その時期に赤字に転落しないで持ちこたえた企業は、不況にも強く、成長を続ける本質的な価値があると考えられます。

今後は、コロナの影響が直撃した2020年がどんな業績なのかを振り返ることが重要になるでしょう。

『四季報』に4色の付箋を貼って銘柄を選別する

私の四季報には、「赤・緑・青・黄」という4色の付箋を貼っています。私は付箋の色を使い分けることで、注目する銘柄などの整理をしているのです。

4色の付箋の使い分けは次ページの通りです。

緑色から赤色に変わることもありますし、青色や黄色から一気に緑色に格上げして、その勢いを買って赤色の付箋を貼る銘柄もあります。

赤色の付箋は、現在バリュー株投資をしている主力株で18銘柄あります。付箋はつけませんが、この他に優待狙いで保有している優待株が26銘柄あります。

保有銘柄は日頃から有価証券報告書や決算短信で細かくチェックしていますから、前期の四季報との違いもだいたいわかっています。

緑色の付箋は、そんなに多くなく、時期によって変わりますが、5～10銘柄前後です。

青色の付箋も時期によって変わりますが、コロナショックで多くの銘柄が下落してから、通常よりかなり多くなり、50～100銘柄くらい貼っています。

●毎号きちんと揃えて付箋を貼っている(笑)

かぶ1000流『四季報』付箋術

●赤色の付箋 ＝ 現在保有している銘柄
●緑色の付箋 ＝ 投資候補の銘柄
●黄色の付箋 ＝ 緑色ほどではないが投資候補として注目している銘柄
●青色の付箋 ＝ 株価が下落途中で、その後黄色か緑色へ移行する候補の銘柄

黄色の付箋は、バリュー投資の条件を満たしているものの、上位候補の予備群的な存在の銘柄が多く、平均50～80銘柄ぐらい貼っています。

株価チャートから大まかな位置を知る

資産バリュー株投資は、資産に対して割安な株を探すわけですが、四季報では株価の変化もチェックしています。

バブル経済でもない限り、土地や不動産といった資産の価値が急変することはありませんが、業績はつねに変わります。そして株価は業績の影響を受けやすいという習性があります。

その程度は銘柄によって大きく変わりますが、コロナショックのように相場全体が大きく値下がりする局面では、資産と株価の間にギャップが生じやすいです。

四季報は発売時点で、1か月くらい前の情報までしか反映されていません。最新の株価は四季報ではなく、ネットで確認するほうが確実ですが、その日その日の株価を点と点で見ていても、方向性を掴むことはできません。

株価のだいたいの方向性は、四季報のチャートの「移動平均線」（ＭＡ）で掴むことができます。移動平均線とは、終値の平均値を結んでグラフ化したものです。

四季報の過去3年間の道筋を見ると、株価が上方向か、横ばいか、下方向かという傾向が掴めます。それにより、青色の付箋を貼るか、黄色い付箋を貼るかを決めるのです。

KABU1000

第5章

かぶ1000流「わらしべバリュー株投資」

『四季報』でわかる20%に肉づけする

前章で触れたように、四季報からは銘柄の大まかな情報が得られます。でも、その情報だけを頼りに投資をしているわけではありません。

四季報で得られるのは、その会社の全体像の20%程度だと思っています。四季報で気になる銘柄をスクリーニングし、付箋でチェックを入れた企業がB to Cのセクターなら、実際に商品やサービスを使ってみると、さらに理解度が10%ほど上がります。

続いて、各企業のホームページや『EDINET』などにアクセスして、有価証券報告書に目を通します。新たに投資する銘柄では、リーマンショックのような大きな変化をどう乗り越えたかを知るために、私は過去10年以上遡って読むこともあります。どこがどう変わったのかを、間違い探しのような感覚で読み解くのです。

とくに注目して読むのは、「事業等のリスク」の項目です。企業がどのようなリスクがあると認識しており、それにどう対処しようとしているかを確かめるのです。たとえば、新型コロナへの今後の対応について語っている企業もあります。

これで理解度がさらに20％くらい高まります。有価証券報告書を10年以上も遡って読むのは大変に思えるかもしれませんが、私にとっては楽しいことです。そもそも自分の大事なお金をその企業に託すわけですから、それくらいの労力は惜しみません。

続いて有価証券報告書と同様に、四半期ごとの決算短信を読みます。これでプラス10％くらい理解度が深まります。こうやって積み上げると、０％だった理解度が60％程度まで積み上げられるのです。

経営陣でさえ自分の会社を１００％理解しているわけではありませんから、理解度が60％まで高まってくれれば、それなりの自信を持って投資行動に移っていいでしょう。


残る40％分の理解を深めるために、私はリアルな情報を得る労力を惜しみません。


四季報や有価証券報告書などの過去の情報は、就活における履歴書のようなもの。どんなに詳しく立派な履歴書が届いたとしても、企業はそれだけで採用を決めません。面接して本人の現状と人となりを確認します。株式投資も似たようなものなのです。

資産バリュー株の含み資産がどうしても気になったら、すでに触れた通り、その企業が持っている土地や建物を見学に行きます。見学に行けなかったら、せめてグーグルストリー

かぶ1000流投資ステップ

❶四季報をスクリーニング……［理解度］20%UP
❷着目した会社の商品・サービスを体験……［理解度］10%UP
❸「有価証券報告書」を過去10年分以上読む……［理解度］20%UP
❹「決算短信」を読む……［理解度］10%UP

理解度60%までUP

残り40%は以下で補足

- 企業が保有する土地や建物を見学
- グーグルストリートビューで周辺環境をチェック
- 「IR情報」を読む
- 不明点はIR担当者に電話で質問
- 「株主総会」に出る
- 「IRフェア」に出向く

トビューで周辺環境などをリサーチしておきます。

企業がホームページで公開している「IR情報」を読んでもまだ疑問があったら、IRに電話をかけて情報を直接聞き出します。ホームページや有価証券報告書には、IR担当者の電話番号やメールアドレスが記載されているはずです。

投資した後も、「株主総会」にはできるだけ足を運び、聞きたいことがあったら積極的に発言するようにしています。気になる企業の株主総会が同じ日に重なって行けないときは、投資仲間に頼んで代わりに質問をしてもらうようにしています。

日本経済新聞社などが主催する個人投資家

お問い合わせ

フォーム	お問い合わせフォーム
E-mail	個人投資家の皆さま sb@softbank.co.jp 機関投資家・アナリストの皆さま ir@softbank.co.jp ※　お使いのパソコンまたはスマートフォンなどのメールソフトウエアが立ち上がります。
Tel	03-6889-2000 ※　上記の電話番号にお問い合わせいただきますと、音声ガイダンスが流れますので、「IR情報」についてのお問い合わせは「5」を押してください。 ※　ダイヤル回線の場合、トーン信号への切り替えが必要です。

●ソフトバンクグループHPより（https://group.softbank/ir/contact）

向けの「ＩＲフェア」にも可能な限り、顔を出します（２０２０年はコロナ禍の影響でオンラインでの開催が増えました）。出展している企業ブースを回れば、効率的に情報が得られるからです。

こうしたＩＲフェアでは、各企業に同じタイミングで同じ質問をしてみることで、リアルタイムで横断的な比較ができるというメリットがあります。

私は専業投資家で投資が本業ですから、企業の土地や建物を見学に行ったり、株主総会に出向いたりするのは、いわば専業投資家としての仕事の一環です。至極当然の行動だと思っていますし、楽しみでもあります。

兼業のサラリーマン投資家には、「本業の

仕事が忙しいから無理」と思う人もいるかもしれません。でも、よく知らない人に大金を貸す人はいないでしょう。事前に、その人がどんな人なのかをよく確認してからでないと、大切なお金が戻ってこない恐れがあります。

株式投資も同じです。よく知らない企業に投資することはできません。投資のためにもっと時間を使い、真剣に向き合ったほうが良いのではないでしょうか。

ＩＲに電話するときに気をつけているポイント

そんなわけで、私は気になる銘柄があったら、ＩＲの窓口に電話をかけて質問をします。話が弾んで1時間くらい話し込むこともあります。

私がＩＲに電話で質問するときに気をつけているのは、次の4つのポイントです。

● 有価証券報告書や決算短信に載っていることは聞かない

● 批判から入らない

● 自分が思っていることを率直に伝える
● リスクに対する考え方を尋ねる

それぞれを順番に説明していきましょう。

● 有価証券報告書や決算短信に載っていることは聞かない

企業側がすでに開示していることを質問して、相手の貴重な時間を奪わないように心がけています。そのために有価証券報告書や決算短信などをしっかり読み込んで予習してから、そこに書かれていないことを質問するようにしています。内情にあまりに詳しいので、IR担当者から「アナリストの方ですか?」と聞かれることもあるくらいです。

有価証券報告書や決算短信に書かれていない内容として、**私がよくする質問は、「御社の社風はどんな感じですか?」「最近社長さんが交代されましたが、それで会社の雰囲気はどう変わりましたか?」といった質問です。**

企業側が開示しているのは、数字やデータにできる「定量情報」です。社風や雰囲気などは、数字やデータにできない「定性情報」ですから、ここを聞くのです。

こちらの問いに対する担当者の返事や歯切れの良し悪しにも、数字やデータにできない定性情報が含まれています。

私はアメリカの往年のテレビ映画『刑事コロンボ』が大好き。コロンボは、犯人と目星をつけた人物になにげない質問を重ね、そこから真実に迫ります。私も同じように、IR担当者の口調や雰囲気から、企業の本質を探っていくのが楽しみの1つでもあります。相手も人間ですから、行間からポロッと本音が漏れることもあるのです。

●批判から入らない

「なぜ利益が上がらないんだ!」とか「コロナへの対応が悪過ぎる!」といった批判から入るのは、質問ではなくクレームです。IR担当者は会社を代表して答えてくれますが、経営陣ではありませんから、そんな批判をぶちまけられてもコメントはできません。

私は批判から入らず、むしろ褒め言葉から入るようにしています。

ネットネット株銘柄として保有している岩塚製菓なら、「御社の『田舎のおかき』というお菓子が本当に好きで、ステイホーム中はたくさん買い込んでよく食べていました」という話から入るのです。

IR担当者も、自社の商品やサービスを褒められると素直に嬉しいもの。それで話が盛り上がり、商品の売れ行きや新製品の情報などが得られることもあります。

自分が思っていることを率直に伝える

投資家は基本的に、投資している企業の価値を高めたいと思っているものです。そこで**私は思っていることを率直に伝えてみるようにしています。**

前述の岩塚製菓なら、「商品は美味しいのに、ブランディングがうまくいっていない気がします。パッケージをもっと洗練されたものに変えたり、コロナ後に外国人観光客が戻ってくることを想定して、空港でお土産物として売れる商品を開発してみたりしてはどうでしょうか？　業績が良くなれば株価にも反映しますし、私らのような投資家にも利益が還元されると思います」といった提案をするのです。

「貴重なご意見、ありがとうございます」と紋切り型の返事で終わる場合もありますが、「おっしゃるようなアイデアは社内でも出ているのですが、経営陣がなかなか首を縦に振らないので実現できていないのです」といった企業内の本音が聞けることもあります。

リスクに対する考え方を尋ねる

前述のように、有価証券報告書には「事業等のリスク」に関して書かれた項目があります。

あらゆるビジネスにリスクは付き物です。輸出がメインの企業なら為替変動のリスクがありますし、アパレルや飲料のメーカーなら気候変動によるリスクがあります。

有価証券報告書で想定されているリスクに、どう対処するつもりなのかを尋ねてみて、具体的な方策がすぐに返ってくるようなら、すでに手が打ってあり、リスクが顕在化していて経営にダメージが及ぶ危険性は低いとわかります。

電話口で担当者が口ごもるようでは、リスクへの備えが不十分な恐れがあります。

2020年なら、「コロナ禍の終息までに、想像以上に時間がかかるとしたら、どのような対応をするお考えですか？」といった質問が考えられたでしょう。

保有銘柄の理想は10銘柄、初心者は5銘柄未満

私は現在、バリュー株投資で18銘柄保有しています。それが多いか、それとも少ないかと聞かれたら、実はちょっと多いと思っています。

1つの銘柄について、四半期ごと（年4回）の決算短信に目を通すと、トータルで18銘柄×4回＝年間72回読まなくてはなりません。有価証券報告書も年4回出ますから、それを含めるとその2倍の144回読むことになります。

私は有価証券報告書や決算短信を読むのが大好きです。でも、時間は有限ですから、銘柄が増えるほど、各銘柄の有価証券報告書と決算短信の分析に割ける時間は短くなります。それだと、より深く調べて深掘りする余裕がなくなる恐れもあるのです。

バリュー株投資では、つねにお値打ちの銘柄でポートフォリオ（資産配分）を構成するために、銘柄の入れ替えを行う必要もあります。後述するように、そのために定期的に成績をつけて評価し、順位づけをしなくてはならないので、銘柄数が増えるほど1つの銘柄と向き合う時間が減っていきます。

株式投資では「卵を同じカゴに盛るな」という格言があり、分散投資が王道だとされてきました。しかし、あまりに分散し過ぎると時間的な余裕がなくなり、見るべきことが見えなくなることも考えられるのです。

理想とする銘柄数から、ここまで増えたのは、不人気で流動性が低い小型株がバリュー株投資対象のメインで、資産の増加により思ったように売り買いできないものが多くなったからです。

私は投資するときには自分が納得するまで調べますから、小型株への投資は1銘柄最低500万円というマイルールを定めています（大型株は1銘柄最低1000万円です）。それくらいの金額でないと、かけた時間に見合わないのです。

しかし、あまりに投資金額を増やし過ぎると、時価総額が小さい小型株では自分の売り買いで株価が思わぬ方向へ動くリスクがあります。

さらに私の投資スタイルは、証券口座に入っているお金はフルに投資へ向けるフルインベストメントです。キャッシュポジション（現金持ち高）は10％以下の場合が多く、小型株をメインに投資している以上、資金が増えてくると必然的に銘柄数を増やす他なくなるのです。

2020年は、コロナ禍もあって不確定な要素が多過ぎて状況が見えなかったので、投資する銘柄が絞り込みにくくなり、銘柄数がさらに増えました。

リスク分散は、7～10銘柄で十分だというデータもあります。四季報でも、大株主が掲載されるのは上位10位までですから、私もいずれは10銘柄くらいまでに絞りたいと思っています。

バリュー株投資の初心者は、じっくり選んだ1銘柄からスタートしてもOKです。そこから徐々に増やしても、最初のうちは多くても5銘柄以内にとどめておきましょう。そのほうが丁寧な投資ができて1銘柄の分析や調査にかけられる時間も多くなります。

また、投資先の定点観測を続けることで変化を見ます。それが投資先の理解度を深めることになり、ひいては投資家としての成長にもつながるのです。

投資先の銘柄は同じ業種内で増やすのではなく、違う業種へ広げることをおすすめします。たとえば、馴染みのある小売業から投資を始めたら、そこからサービス業、不動産業、医薬品などと違う業種へと守備範囲を広げていくのです。

同じ業種ばかりで銘柄数を増やしてしまうと、似たようなバリュートラップにハマって、株価が動かないことを理由に他の銘柄に目移りしてしまったり、特定の業種が抱えるリスクを大きく受けてしまったりする危険もあります。

違う業種の株を持つことでリスク分散できますし、違う業種を調べて投資することで投資家としての視野も広がります。

●配当利回り（％）＝1株当たりの年間配当金額÷株価×100

ランキング化した保有銘柄を毎週見直して最適化

私は徹底的に吟味して割安な銘柄を選んでいますが、かといって特定の銘柄に惚れ込んでこだわることはありません。より割安な銘柄が見つかったら、いつでも入れ替えるようにしています。

そのために取り組んでいるのが、**「保有銘柄のランキング化」**です。ランキング化の指標にしているのは、これまで出てきた「予想ＰＥＲ」「実質ＰＢＲ」「ネットネット指数」「グレアム指数」に加えて、「配当利回り」「ＥＢＩＴＤＡ」（利払い・税引き・償却前利益）といった指標です。

配当利回りとは、購入した株価で、年間にどれだけの配当が得られるかを示したもので、上のように計算します。

ＥＢＩＴＤＡは金利支払い前、税金支払い前、有形固定資産の減価償却費及び無形固定資産の償却費控除前の利益のことを指します。もっと簡単に言うと、「営業利益＋減価償却費」。キャッシュベースで本業の儲

指標	激安	超割安	割安
予想PER	6倍未満	6倍以上～8倍未満	8倍以上～10倍未満
実質PBR	0.3未満	0.3以上～0.4未満	0.4以上～0.5未満
ネットネット指数	0.5未満	0.5以上～0.66未満	0.66以上～1.0未満
グレアム指数	5.0未満	5.0以上～8.0未満	8.0以上～10未満
配当利回り	5%以上	4%以上～5%未満	3%以上～4%未満
EBITDA	3倍未満	3倍以上～4倍未満	4倍以上～5倍未満

けがどれぐらいかを判断するときに使う指標です。これら6つの指標を私は上のように評価しています。

この指標の他にも、外国人投資家の比率やカタリストなどを経験的に加味して、毎週1回保有銘柄を「トリプルA⁺」から「シングルC⁻」までランクづけしています。

その結果、すぐ買ってもいいと思っている銘柄（四季報の緑色の付箋）と比較し、ランキング最下位の銘柄が劣っていると判断したら、迷わず入れ替えます。

サッカーのJリーグではトップリーグのJ1とその次のJ2で、入れ替えが行われます。J1のランキング最下位の2チームと、J2のランキング最上位の2チームが入れ替わり、実力を反映したリーグ制を保っているのです。

Jリーグでは、入れ替えは1シーズンに1回のみですが、私は割安度の比較を毎週行い、より割安な銘柄が揃うようにポートフォリオのリストを更新しています。

より割安な株に交換し続ける「わらしべバリュー株投資」

「かぶ1000さんは、どのタイミングになったら、保有株を売るのですか？」という質問をよくいただきます。

しかし、私は保有株を絶妙なタイミングで売り、売却益を得ることを目標にしているわけではありません。繰り返しになりますが、私が大切にしているのは割安な銘柄でポートフォリオを組んでおくこと。つまり、私が保有株を売るのは、より割安な銘柄に乗り換えるためであり、売りたいから売るのではなく、買いたいから売るのです。

私がつねに重視しているのは、なるべく少ない資金でポートフォリオ全体の「ルックスルー利益」と「ルックスルー純資産」をいかに高めるかです。

ルックスルー利益とは、またまた登場のバフェットさんの造語です。全10室の賃貸マンションのうち、2室を保有しているとしましょう。全室同じ家賃だと仮定すると、マンション全体の賃貸収入に占める自分の利益は20％となります。

同じように、会社全体の利益に、自分の保有株比率をかけたものがルックスルー利益で、次の式で求められます。

●ルックスルー利益（円）＝EPS（1株当たりの利益）×保有株数

これに加えて私が独自に考えたのが、**「ルックスルー純資産」**です。

●ルックスルー純資産（円）＝実質BPS（1株当たりの純資産）×保有株数

「実質BPS」とは、BPSに含み損益を加味したものです。これを保有銘柄ごとに算出し、合計したものがポートフォリオ全体のルックスルー利益とルックスルー純資産となります。

株価が上がっても下がっても、企業が利益を出して資産が積み上がれば、ルックスルー

保有銘柄18銘柄		保有株数	取得単価	時価	前日比	EBITDA	PER	PBR	利回り	外国人	比較	グレアム	NN指数	ルックスルー純資産	ルックスルー利益
2221	岩塚製菓	3,000	3,758	3,815	-20	5.9	10.2	0.42	0.79%	16.7%	-1.0%	4.2	0.55	27,530,940	1,124,250
3001	片倉工業	7,500	1,253	1,253	-38	7.1	27.3	0.28	1.12%	18.5%	-0.7%	7.6	2.46	33,669,104	344,250
3431	宮地エンジ	6,000	1,668	2,113	24	2.8	4.8	0.51	2.84%	9.1%		2.5	1.01	24,739,934	2,644,860
3504	丸八HD	32,400	745	707	1	9.4	12.3	0.24	4.24%	3.7%	-0.7%	3.0	0.48	94,746,488	1,861,056
3537	昭栄薬品	10,000	533	928	-6	8.3	18.3	0.42	1.94%	1.4%	-0.6%	7.6	0.46	22,316,490	507,900
6222	島精機製作所	6,000	1,396	1,761	-17	-	-	0.58	1.14%	17.0%	-4.1%	-	1.21	18,266,344	-556,320
6396	宇野澤組鐵工所	3,000	2,142	2,325	-15	8.6	16.6	0.21	0.86%	0.6%	-0.4%	3.4	-	33,973,661	420,960
7279	ハイレックス	5,000	1,081	1,185	-16	3.1	-	0.29	2.78%	25.6%	-0.6%	-	0.67	20,560,800	-303,750
7453	良品計画	5,000	1,146	2,311	23	-	17.5	3.37	1.73%	44.5%	-2.5%	58.9	-	3,424,700	661,550
7485	岡谷鋼機	1,000	9,370	8,290	140	3.0	8.0	0.38	2.71%	0.6%	-0.1%	3.0	1.19	21,849,951	1,038,870
7864	フジシール	2,500	1,992	1,990	-88	5.3	13.8	1.11	1.61%	44.5%	-2.5%	15.4	-	4,477,700	359,950
7932	ニッピ	2,000	3,987	3,735	-70	3.2	2.5	0.23	1.34%	6.9%	-1.4%	0.6	-	33,117,688	2,989,900
8293	ATグループ	12,000	1,489	1,350	-10	1.3	8.4	0.22	2.22%	13.0%	-1.2%	1.8	1.13	74,835,948	1,929,360
8802	三菱地所	19,000	1,704	1,718.5	-53.5	7.5	20.9	0.38	1.45%	40.9%	-1.0%	8.0	-	84,833,371	1,561,420
9020	東日本旅客鉄道	2,000	6,891	6,140	-210	3.5	-	0.53	1.63%	30.1%		-	-	23,305,290	-2,216,800
9022	東海旅客鉄道	1,500	16,726	13,950	-535	3.3	-	0.74	0.93%	21.0%	-0.2%	-	-	28,320,291	-1,465,695
9734	精養軒	10,000	900	809	7	15.1	-	0.30	0.00%	0.9%	0.2%	-	1.35	27,028,546	
9984	ソフトバンクG	1,000	3,988	6,667.0	-12.0	4.5	7.4	0.46	0.33%	38.6%	2.1%	3.4	-	14,528,000	903,060
							PER	PBR	配当利回り					ルックスルー純資産	ルックスルー利益
						AVE	18.5	0.37	1.79%		AVE	6.8		591,525,245	11,804,821
							益回り	割引率	配当性向					時価総額	受取配当
							5.4%	-63.1%	33.1%					218,276,800	3,909,000

●著者がエクセルで管理しているポートフォリオ（保有18銘柄）

利益とルックスルー純資産は高まります。自分の利益と資産の持ち分が増えてくれたら、株価が一時的に下がっても気にしなくて平気なのです。利益と資産が拡大しているなら、株価が適正な価格に評価されると信じているからです。

２０２０年10月現在、ポートフォリオ全体でルックスルー利益は年間１１１２万円、ルックスルー純資産は６億７８２万円ほど。それを作る元手となった資金は１億９４１４万円ほどです。

年間のルックスルー利益が、いわば私の年収のようなもの。加えて配当が年間４２３万円ほどあります。

私のポートフォリオ全体を見ると、年間１１００万円の利益があり、４２３万円の配当が受け取れて、純資産が６億円強ある会社を１億９０００万円ほどで買えたようなものですから、私自身は非常におトクだと考えています。

株を売ると、現金は増えるかもしれませんが、ルックスルー利益もルックスルー純資産も下がります。だからこそ、私は株をなるべく売りたくありません。

ルックスルー利益とルックスルー純資産を増やすために、配当などを追加投資する方法もありますが、私が好んでいるのはランキング化でより割安な銘柄に入れ替えることです。株価が下がり、割安な株が買えたら、ルックスルー利益とルックスルー純資産は増えていきます。**株価は市場価格ですが、私が見ているのは、どれだけ利益を生み出す力があり、純資産を積み上げられるかという企業の本質的な価値なのです。**

本質的な価値の高い銘柄を割安で買えたら、ルックスルー利益もルックスルー純資産も増えます。同じ銘柄をずっと持ち続けるよりも、より割安な株がリストアップできるように更新し続けたほうが、大きな利益を得られるのです。

昔話の「わらしべ長者」は、1本のわらしべ（藁）から始め、より高価なものに交換し続けた結果、大金持ちになりました。より割安で価値の高い株に交換し続ける私の投資スタイルは、「わらしべバリュー株投資」と呼べるかもしれません。

優待株は「最低単元」がもっとも期待値は高い

私はこれまで解説してきた「バリュー株」と「優待株」で証券口座を分けています。

優待株は、優待自体がカタリストとなるため、割安な株はあまりありません。しかし、株主優待と配当金のダブルでインカムゲイン（株式を保有中に得られる収益）が期待できるうえに、分散投資にも一役買ってくれます。

以前は優待株を多く所有していましたが、コロナ禍の影響で株主優待を取りやめる企業が増えてきたので、私も優待株を以前より減らして現在はピーク時の半分近くの26銘柄となっています。

優待株は最低単元で保有するようにしています。その理由は、最低単元がもっとも期待値が高いからです。

優待株は、最低単元の100株しか持っていない人と、その100倍の1万株持っている人で、得られる優待がまったく同じというケースも少なくありません。

配当金なら、1万株を持っている株主は、100株しか持っていない株主の100倍得られますが、株主優待は必ずしもそうではないのです。

そもそも株主優待という仕組みは、おそらく日本特有のものです。少なくともアメリカにはありません。なぜなら、「株主平等の原則」に反するからです。

株主平等の原則とは、株主は持ち株数に応じて平等に扱われるべきだということ。配当金は、株主平等の原則を踏まえています。100株でも1万株でも同じ優待しか得られない銘柄では、株主平等の原則が守られているとは言えないのです。

投資家としては、企業は株主平等の原則を尊重すべきだと思っています。その一方、株主優待はお中元やお歳暮のような日本独自の文化を反映している部分もあり、無理のない範囲で継続してほしいと思う面もあります。

優待株のメインは、私が好きで日常的に利用している小売業や外食業です。優待を使えるシーンが多くて重宝しています。

日々の暮らしで使える優待には、投資家がビジネスの現場に足を運ぶチャンスを増やしてくれる効果もあります。兼業のサラリーマン投資家が、投資のためにわざわざ現場を見に行く時間を作るのは大変ですが、優待を使うついでに現場を見に行けるなら時間の節約にもなります。

私が小売業や外食業の優待株を保有しているのは、それが企業にとっても利益があると考えているからです。

外食の原価率は、平均すると3割程度と言われます。株主優待で1万円分の食事券を配布したとしても、企業側は実質3000円程度の負担で済むわけです。それでも株主側は、1万円分のサービスを受けたと思えるので、満足度は高くなります。

さらに「1万円分はタダなのだから、もう少し飲み食いしよう」と財布のひもは緩みやすくなるので、追加の売り上げも期待できます。仮に3000円の負担で5000円の追加売り上げが得られたら、企業側にはメリットが大きくなります。

反対に、いちばんダメだと思うのは、株主優待を「QUOカード」で配布するようなケースです。QUOカードだと自社の商品・サービスを買うとは限りません。そうなると、追加の売り上げも見込めません。単にQUOカードをつくるコストがかかるだけですし、それを送るコストだって馬鹿になりません。そういう手法なら、株主優待をやめて、配当を増やしたほうが得策。実際、QUOカードによる優待をやめる企業が最近増えています。

投資の基本は、じつは節約することにあります。株主にとって日常生活でよく使っているお店で株主優待が受けられたら、生活コストの節約につながります。節約で浮いた分を投資に回したら、資産形成には有利です。

１年という短いスパンで見たら、大きな違いはないように思えるかもしれませんが、それが３年、５年、10年と積み重なると大きな差を生むのです。

超優良株をフェアバリューで買う

バリュー株と優待株以外にも、私が注目している株があります。それは「超優良株」です。超優良株とは、具体的には、任天堂（東証一部・７９７４）、キーエンス（東証一部・６８６１）、ディスコ（東証一部・６１４６）のような銘柄です。いずれも日本が世界に誇る卓越した技術力を誇る企業であり、世界的にも高く評価されています。

任天堂は、ゲーム機とゲームソフトの開発・製造・販売を行う世界的企業で、自己資本比率はおよそ79％。中学生の私が最初に投資したいと思った銘柄ですが、株価約５万７０

00円、PER約23倍、PBR約4倍、時価総額7兆5000億円以上（2020年12月1日現在）と、到底バリュー株投資の対象ではありません。

キーエンスは、FA（ファクトリー・オートメーション）センサーなど、検出・計測制御機器の大手メーカーで、自己資本比率は97％を超えています。株価約5万3000円、PER約65倍、PBR約7.3倍、時価総額約13兆円（同）と、バリュー株投資に向いているとは言えません。

キーエンスほどではありませんが、ディスコも超優良企業です。半導体、電子部品向けの切断・研削・研磨の装置の分野で世界トップを走っています。自己資本比率は約80％を超えています。株価約3万3000円、PER約43倍、PBR約5.3倍、時価総額約1兆2000億円以上（同）と、こちらもバリュー株投資には向かない銘柄です。

コロナショックのように、株価が大きく下落する局面では、超優良株がフェアバリューで買えるまたとないチャンスでもあります。リーマンショックや東日本大震災など数年に一度の大暴落とはいかないまでも、年に数回は株価の調整局面が訪れます。そういうときも購入のチャンスとなり得ます。

フェアバリューとは、「適正価格」ということ。通常、超優良株はフェアバリューではなく、割高な価格で取引されています。ずっと持ち続けたいという投資家が多く、外国人持ち株比率も高いため、売る投資家が少ないからです。

任天堂は、コロナショックで2020年3月に3万1000円まで下げましたが、すぐに戻して2倍近い株価になっています（同）。コロナ禍で外出を控える動きが広がり、ゲームソフトをダウンロードで買う人が増えたのが、株価上昇の一因です。

パッケージとダウンロードは同じ価格ですから、パッケージより低コストのダウンロードが増えると任天堂の利益率は上がります。私は、ダウンロードで買う人がそこまでいると想像しなかったので買いそびれましたが、いい勉強になりました。

キーエンスは、コロナショックにより、2020年3月には一時3万円前後まで値を下げたのですが、株価はすぐに戻って3倍近くまで上昇しています（同）。

同じくディスコも、2020年3月に一時1万8000円前後まで値を下げたのですが、すぐに戻り、それからは右肩上がりのトレンドが続き、株価は2倍近くまで上がっています（同）。

こうした超優良株に関しては日頃から着目しておいて、コロナショックのような下落のタイミングですかさず買えるようにしたいものです。そんなことを言っている私もコロナショックで超優良株を買いそびれてしまったので、次のチャンスは逃さないようにしたいと思っています。訪れたチャンスはできる限り逃さないように心がけてください。

第6章

株式投資が資産形成に最強なワケ

KABU100

「どこにお金を置いてどう働いてもらうべきか」のベストアンサー

ここまで読み進めても、ひょっとしたら、まだ「株＝怖いもの」という古典的な観念から抜け出せない人がいるかもしれません。私に言わせると、株式投資くらい個人の資産形成に向いている金融商品は他にありません。

長い人生を楽しく生き抜くには、生活を長期的に支えてくれる資産が必要です。その資産は、働いて稼いだお金をどこに置くか、何に変えるかで決まります。

「どこにお金を置いてどう働いてもらうべきか」のベストアンサーは、株式に他ならないのです。

日本のような資本主義社会では、株式はお金持ちになるために必要なチケットだと私は思っています。お金があれば経済的な自由が広がり、自分の好きなことに使える時間が増えます。

お金ですべてが買えるわけではありませんが、私は世の中の80％のことはお金が解決してくれると考えています。なかでも、今回紹介しているバリュー株投資が、長期の資産形成には最適だと私は信じています。

5歳で私が定額貯金を始めたときのように定期預金の金利が7％もあれば、銀行に預けっぱなしでもいいかもしれません。7％を複利で運用すれば、10年後には資産は2倍、20年後には4倍になります（正確には7.2％での運用時です）。

ところが、現在の金利は定期預金でも0・001％。この先も超低金利は続きそうですから、銀行に預けることで資産運用をするという選択肢はありません。

高齢者には現金をタンス預金として手元に置いている人も少なくありませんが、防犯上危険ですし、インフレになると現金の価値は下がります。その点、株式は安全に保有できて、インフレにも強く、配当金までもらえるという利点があります。

かつては「日本の土地は上がり続ける」という〝土地神話〟がありました。その神話が生きていたバブル期には、前述のバブル紳士のように、不動産投資で財をなした人も大勢いました。

ところが、その神話が崩壊し、一部の都市部を除くと、地方などでは土地の価格は大きく下がっています。人口減少が始まり、空き家の増加が問題となっている現在では、長期的に見ると、すべての不動産が上がり続けるとは考えられません。

そもそも不動産は、持っているだけで「固定資産税」がかかります。一方、株式は売却しない限り、税金は発生しません。その税金は「申告分離課税」であり、10万円の利益が出ても、1億円の利益が出ても、一律で20・315％となっています。むろん売却して損失が出たら、税金はかかりません。

株と比べて「流動性」が低いのも、不動産のデメリットです。株式市場のように開かれた〝不動産市場〟というものがないだけに、売りたい値段で買ってくれる人が現れるまで、長い時間がかかることもあります。待っても買い手がつかないなら、泣く泣く売れるところまで値段を下げるしかありません。

しかも、不動産は買うときにも、売るときにも、高額の仲介手数料がかかります。400万円以上の不動産を売る際には、売買価格×3％＋6万円（＋消費税）が発生します。4000万円のマンションを売ると手数料は138万6000円にもなるのです。

その点、株式なら市場で瞬時に買い手がつきますから、いつでも現金化できて流動性が高いのがメリット。ネット証券なら手数料は、わずか数百円で済みます。

インフレに備えて金（ゴールド）をコツコツ買う人もいるでしょう。だからといって株式投資をしない理由にはならないのです。私も現物資産として金やプラチナを所有しています。ただし、金などの現物資産には利息や配当がなく、インフレには勝てますが、複利の力を活かせないというマイナス面もあります。

できるだけ早く株式投資したほうがいい2つの理由

株式投資をするなら、できるだけ早く始めるべきです。理由は2つあります。

1つ目の理由は、歴史的に見ても株価は上昇し続けているからです。株式投資における「期待収益率」は約7%前後と言われています。早く投資を始めるほど複利の力を生かすことができますので、資産形成にはとても有利です。

日経平均株価だけを見ると、バブル崩壊以降、乱高下しているように見えますが、それは構成する銘柄の入れ替えのタイミングが悪かったり、連続性がなかったりすることによる影響もあります。

1989年までの株価の値上がりが、あまりにも大きかった反動もあるでしょう（19

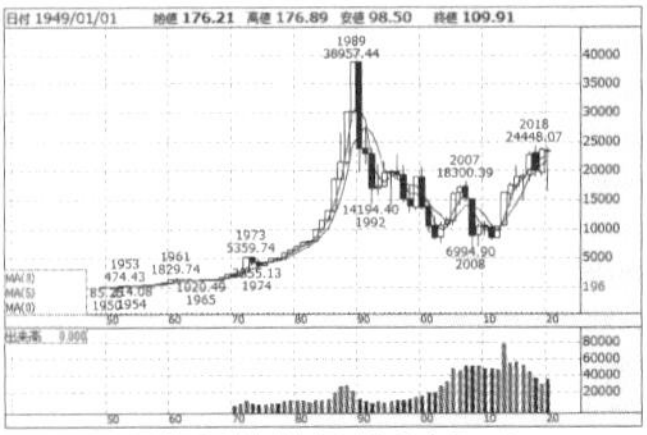

日経平均株価(1949〜)

7203トヨタ自動車(1949〜)

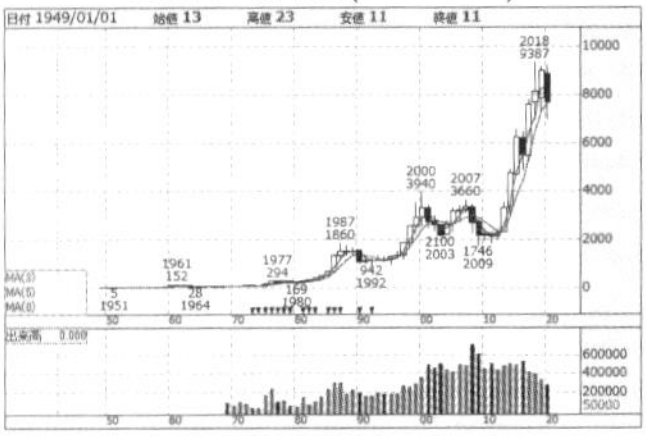

4452花王(1949〜)

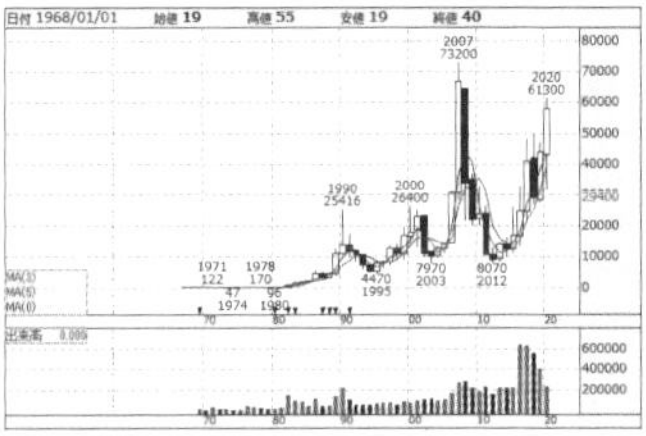

7974任天堂(1967〜)

●トヨタ自動車、花王、任天堂いずれも1989年の株価より時価のほうが上回っている

４９年からの40年間で日経平均株価は２２１倍に上昇しました）。

日経平均はバブル期の最高値を超えていませんが、個別で見るとバブル期の株価を超えている銘柄はたくさんあるのです。

アメリカの株式市場は右肩上がりの傾向が顕著でわかりやすいのですが、日経平均が乱高下しやすいのは、日本の株式市場は外国人投資家の売買シェアが高いことが影響していると思われます。

自国の経済が悪くなったときには、自国以外の株式から売り始めます。そういう状況下では、為替は円高に振れやすく、外国人投資家にとってはプラスとなり、損が出にくいので、彼らは売りやすいのです。

それでも日本の株式市場全体の時価総額に

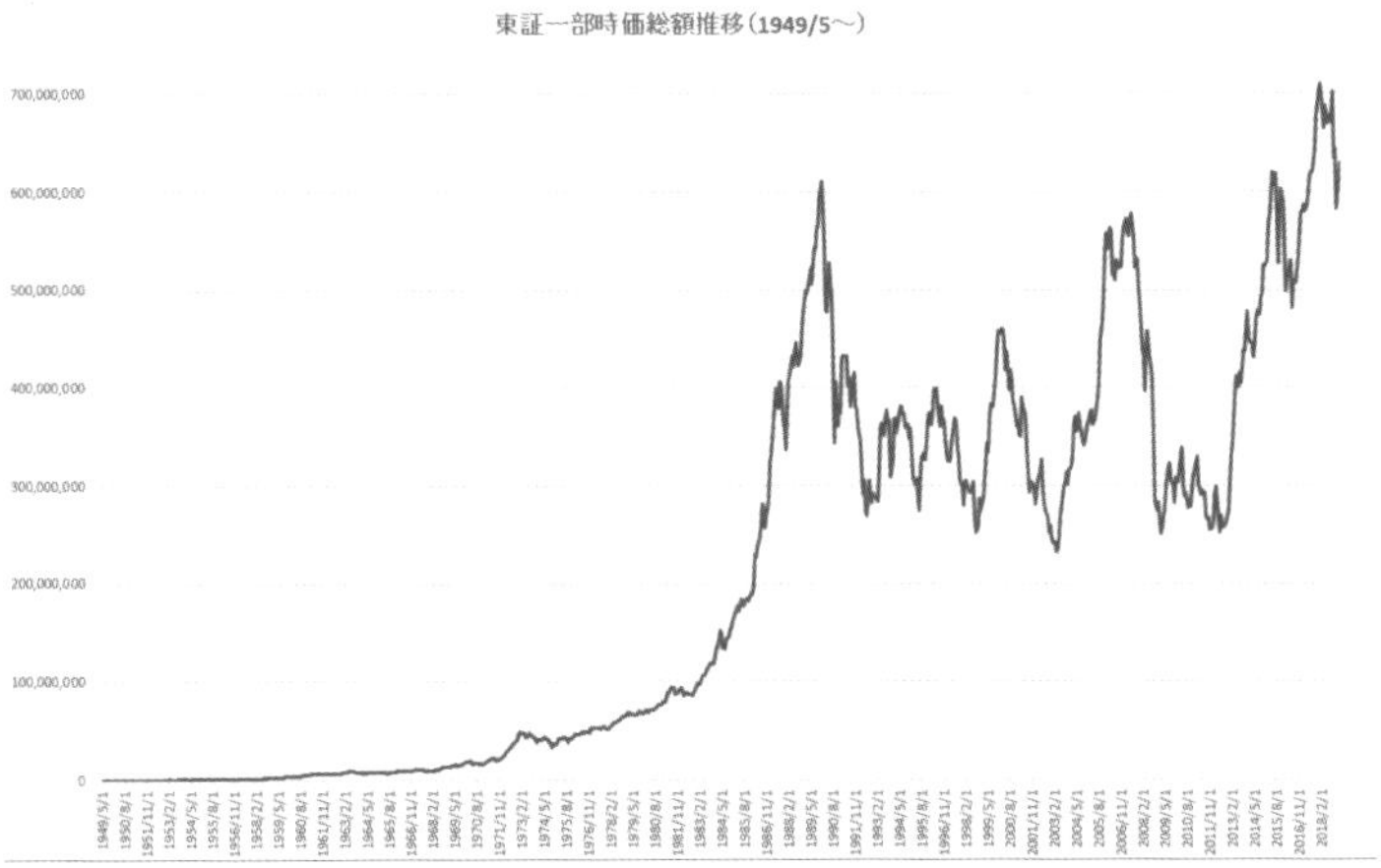

1949年からの東証一部株式時価総額合計の推移

注目すると、だいたい右肩上がりになっています。直近の10年でも、リーマンショック後の低迷期だった２０１０年末には３１０兆円だったものが、10年後（２０２０年10月18日現在）には2倍以上の６４０兆円になっています。

何を隠そう、私のかみさんは兼業投資家です。かみさんは２００６年、元手２００万円から株式投資を始めました。

翌２００７年にはアメリカに端を発するサブプライム住宅ローン危機があり、２００８年にはリーマンショックが起こりました。そのおかげで3年連続して運用成績がマイナスになり、一時は40万円近くまで資産が激減しました。

そのとき、かみさんはさすがに困惑していましたが、「株式投資は継続したほうがいいよ」という私のアドバイスに従い、めげずに株式投資を続けた結果、現在では株式資産1億円を超えています。

かみさんの例のように、いつ始めても市場から退場せず、めげずに投資を続けていけば、結果は必ずついてくると私は信じています。

だからこそ、株式投資に少しでも興味があるなら、ベストタイミングを待って躊躇するのではなく、思い立ったが吉日で株式投資を始めるべきです。

株式市場に早めに参加すべきもう1つの理由は、時間をかけて経験を積む必要があるから。それはスポーツの世界とも似ています。

高校野球で甲子園に出場し、プロとして活躍する野球選手の大半は少年野球の経験者です。小さい頃からボールを投げ、バットを振っています。サッカー選手もフィギュアスケート選手も、似たようなものでしょう。

スポーツと同じように、株式投資でも経験を重ねてスキルを磨くことが求められます。だから早く始めるほど良いのです。

理想は、私のように学生の頃から始めること。アメリカでは子供の誕生日プレゼントと

して、株券をあげる習慣もあるそうです。読者にお子さんがいたら、株券をプレゼントしてもいいと思いますし、株主優待券を使って一緒に外食を楽しんだりして、まずは株式投資に興味・関心を持ってもらえるようにしてみるのもいいでしょう。

株式市場とスポーツの大きな違いは、初心者・アマチュア・プロがまったく同じ土俵で戦っていることです。スポーツの世界では、初心者・アマチュア・プロが同じ土俵で戦うことは通常ありません。

草野球チームと高校の強豪校が戦ったり、高校球児とプロ野球選手が戦ったりしても、結果は火を見るよりも明らかです（サッカーでは例外的に、たまに大学がＪ１などのプロチームに勝つこともあります）。

ところが、株式市場では、初心者を含めた一般投資家といういわばアマチュアと、機関投資家や投資ファンドといったプロが同じ土俵で日々戦っています。

だからこそ、初心者は経験を早く積み、個人投資家の強みを活かした投資をするべき。バリュー株投資などで、プロがカバーし切れない隙を狙うのです。

危険なのは定年を迎えて慌てて始めるパターン

いちばん危険なのは、定年後に慌てて株式投資を始めるパターンです。

それまで仕事一筋で、株式投資の経験はまったくないのに、老後に備えた資産形成のためにいきなり大金を株式に注ぎ込むと、大きな失敗をする恐れがあります。

右も左もわからないうちは、損をすることのほうが多いです。それで虎の子の退職金が大きく減ってしまうと、老後の生活が苦しくなります。

今や人生１００年時代と言われていますから、60歳で定年してもあと40年もあります。定年後に慌てて株式投資を始めるのではなく、もっと早くから始めておくべきでしょう。株式投資に無縁のままで定年を迎えてしまったら、日経平均やアメリカの「Ｓ＆Ｐ５００」に連動するインデックスファンドあたりから投資を始めてみるのが良いと思います。

投資に慣れて自分なりの投資スタイルができるまでは、「信用取引」には手を出さないほうが無難です。私がやってきた株式投資は、自己資金内で行う「現物取引」のみです。

証券会社からいわば借金をして、少ない元手で2〜3倍の取引ができる信用取引は、うまくいけば大きく儲けることができます。でも、失敗すると最悪の場合、自己破産に追い込まれる危険をはらんでいます。

証券会社に出入りしていた中学生の頃、信用取引で大損をして街から姿を消した人を、私は何人も見てきました。だから、信用取引には他の個人投資家よりも慎重になっているのです。

今でも覚えているのは、古ぼけた服を着たおばあさんのことです。私がなけなしの40万円で何を買おうか悩んでいるときに、窓口で「日活、1万株買っておいて」と注文していました。

日活は、かつて石原裕次郎さんが専属契約していたことでも知られる日本最古の映画製作・配給会社。「日活ロマンポルノ」も一世を風靡しました。その頃の株価は200円くらいでしたから、1万株買うには200万円くらい必要です。子ども心に「このおばあさん、見かけによらず、お金持ちなんだなぁ」と驚いたものです。

でも、その数年後、彼女は自己破産しました。証券会社の人の話によると、株式資産は一時数億円を超えていたそうですが、信用取引に失敗して資産も住む家もすべて失ったらしいのです。

現物取引なら、たとえ株価が大きく値下がりしたとしても、売ればお金が戻ってきます。損はしますが、会社が倒産でもしない限り、ゼロ以下にはならないのです。

信用取引には手を出さず、現金取引で小額から売り買いを重ね、時間をかけて経験を重ねていけば、バリュー株投資で「億り人」も不可能ではないと思っています。

かみさんも母親も株式投資で資産1億円達成

私は就職したことがありませんし、アルバイトすらしたことがありません。いわゆる社会経験がないのです。
社会的な経験が乏しいのは、投資家としてはマイナスだと思っています。それを少しでも補おうと、図書館で本を借りて読んだり、暇さえあれば街を歩き回ったりして、路地裏のちょっとした変化にも気づくように心がけています。
家電量販店なら丸一日でもいられますが、それは家電が単に好きなだけではなく、ネットの情報では得られない生の情報と投資のヒントがいっぱい落ちているからです。かみさんの買い物にも、私は4時間でも5時間でも平気でつき合います。私の知らない何かに出合えるかもしれないからです。

買い物をするときは、並んでいる商品ばかりではなく、どんなお客さんが来ているかを観察します。その際、女性のお客さんが多いところは、あとで運営会社が上場しているかをチェックしてみます。男性と比べると、女性はシビアに判断したうえで買い物をするケースが多いので、そうしたお店は今後成長する可能性を秘めているからです。

兼業のサラリーマン投資家は、社会経験を日々積んでいるという意味では、私のような専業投資家よりも有利な面があります。

少なくとも自分が勤める会社の事情には社外の人よりも詳しいはず。同じ業界のライバル会社や取引先についても多くの情報を得ているはず。そこから、投資のヒントが得られるケースは少なくないでしょう。

1999年から2000年にかけてのITバブル期の例を挙げましょう。この時期、光通信（東証一部・9435）が、携帯電話販売代理店「HIT SHOP」を展開して急拡大。事業も株価も右肩上がりでした。

その光通信を最初に見つけたのは、投資家ではなく、不動産仲介業者だったそうです。「最近やたらと『ＨＩＴ ＳＨＯＰ』というテナントが新規で入るけど、一体どういうところなの？」という疑問から入り、目ざとい人は投資行動に移りました。

会社が成長して利益を上げているのに、思ったように給料が上がらないと思うなら、自分の勤務先の株を買う手もあります。

従業員なら従業員持株会に入ることで、毎月一定の金額の自社株を市場価格より5〜20％安く買える場合が多く、たとえ給料がそんなに上がらなくても、会社の業績が伸びて株価が上がれば、キャピタルゲイン（株式を売却して得られる売買差益）に加えて配当金も得られます。

株式を買うということは、その会社のオーナーになるということ。自社株を買って自分が働く会社のオーナーになれば、会社と利益のベクトルが完全に一致しますから、これまで以上に仕事に対して真剣に打ち込めるようになると思います。

その働きぶりが高く評価されたら、昇進してきっと給料だって上がるでしょう。上がった分でさらに自社株を買い増せばいいのです。

主婦の株式投資では、私の母のこんな成功例があります。

私の母はもともと株式投資をしていたわけではないのですが、息子の私を見て自分も始めてみようと、2001年から株式投資を始めました。元手は、コツコツと貯めて押し入れの布団のなかに隠していた「へそくり」です。

投資を始めて3～4年後、母はインターネットのニュースで、『卑弥呼（HIMIKO）』という会社が発売したばかりのシューズのことを知ります。そのインソールには水様液（水のような液体）が使用されており、足の動きに応じて水様液が移動して足裏をマッサージする機能を備えていました。

「これは立ち仕事に追われるOLさんの間で流行るかもしれない」とピンと来た母は、すぐに卑弥呼の株を買いました。その後、卑弥呼の株は4倍近くに上昇し、一気に600万円近い売却益を得たのです。

私のかみさんもそうですが、母も女性独特の〝勘〟で、自分が実際に使ったり見聞きしたりした商品やサービスから「これは流行る！　株価も上がりそう」と思い、実際に買った株が、見事に上がるケースがあります。

専業主婦も毎日のようにあちこちで買い物をしているでしょう。身近で売れている商品やサービスから、投資のヒントが得られるケースは少なくないと思います。

理論派の私には真似できない芸当ですが、母もかみさん同様、今では株式資産1億円を超えています。母とかみさんは、株式投資の情報交換をして、教え合っている仲間でもあります。卑弥呼の株には、私も相乗りさせてもらい、利益を得ました。

今でこそオフ会などを介して他の個人投資家と交流する機会はありますが、かつては株式投資の話をする相手はほとんどいませんでしたから、母やかみさんとの会話は貴重でした。私にはない女性独自の視点、母のように世代が異なる人の意見は、参考になることが少なくありません。


これから就職を控えた学生さんにも、学生投資家の先輩として、私は株式投資をおすすめします。私自身は就職しませんでしたが、株式投資の分析をすると、リクルート資料を読んだりインターンをしたりしても見えてこない企業の本質が垣間見えることも多いからです。

どうせ働くなら、今後も安定した成長が見込めるところで働きたいもの。上場している企業なら四季報や決算短信を読めば、その会社がどう成長してきたかがわかるので、売り上げや利益、資産が積みあがっているかどうかを見極めてみましょう。

有価証券報告書には、従業員の「平均勤続年数」が載っています。平均勤続年数が3〜4年と短い会社は、働く環境が過酷なブラック企業である可能性があります。たとえ初任給が高くても、そんな会社に入ると苦労してすぐに辞めたくなるかもしれません。

あわせて従業員の平均年齢や平均年間給与から、「ここでこのくらい働いたら、これくらいの給料がもらえる。投資する余裕は十分ありそうだ」と具体的にイメージできます。

余剰資金はできるだけ多く株式に振り向けよう

日本人は他の先進諸国に比べて、金融資産に占める現金の割合が極端に高いのが特徴です。給与が振り込まれる普通預金口座に現金を入れっ放しにして、日々の支払いや、クレジットカードの引き落としなどをしている人が多いと思います。

日本の個人金融資産は1900兆円ほどあると言われていますが、そのうち1000兆円ほどが現金だそうです。

私は最低限の生活資金を除くと現金をほとんど持たないフルインベストメントスタイル

です。保有資産の大半は株式で、現金を必要最低限以上は極力持たないようにしています。株式と違い、今どきの現金は何も価値を生んでくれないからです。

これから株式投資を始める人も、「余剰資金」はできるだけ多く株式に投じるくらいの覚悟で取り組んでいいと私は思います。

余剰資金とは、それがなくなっても生活に困らないお金のことで、その出所には大きく分けて2つあります。

1つ目の出所は、シンプルに収入から支出を差し引いたもの。会社員であれば、毎月給料が振り込まれます。企業の業績が大きく落ち込まない限り、年2回はボーナスだって出るでしょう。

給料やボーナスなどの収入から、使った分の支出を差し引いた余剰資金のうち、万一に備えて手元に置いておきたい生活資金と、旅行や趣味などに使いたいお金を差し引いた分は、株式投資に向けていいと思います。

2つ目の出所は、節約によって浮いたお金です。

私はバリュー株投資家なので、普段からモノの価値に敏感です。中身が同じなら、より安いものを買うように心がけています。弁当を買うときは、近所のスーパーで半額シールが貼られるタイミングを狙って出かけます。

私の頭のなかには、どのスーパーで何時くらいから半額シールが貼られるかというリストがあります。同じ中身のものが、時間が少しずれただけで半額で買えるなら、これほどバリューがある話はないと思うのです。

こうして地道に生活コストを減らすことも重要ですが、もっと出費を減らしたいなら、通信費や電気料金、保険料といった固定費を減らすべきです。

スマホを大手キャリアから格安スマホに変えるだけでも、年間7〜8万円の節約になります。電気料金やガス料金をセットで申し込むとお安くなるサービスがありますし、保険料の見直しでも固定費は減らせます。

こまごまとした節約するのは面倒に感じる人であっても、それが株式投資の原資になると思えば節約のモチベーションが高まるのではないでしょうか。また、節約して作ったお金なら、株式投資で多少損をしてしまっても、心理的なダメージは最低限に抑えられると思います。

賃貸派になり、郊外に引っ越して浮いた家賃を株式投資に回す

住まいは「持ち家派」が得なのか、それとも「賃貸派」が得かという議論は昔からありますが、私の見るところバリュー株投資家には賃貸派が多いようです。

実際、私の友人のバリュー株投資家は、ほとんどが賃貸派です。すでに触れたように、持ち家は利益を生まないばかりか、維持コストも税金もかかるうえに、普通は買った瞬間から資産価値が下落します。

新築時より高く売れるのは、都心の超一等地にある物件や、一部のマンションなどに限られる場合が多いのです。ちなみに私も私名義の住宅用不動産は保有していません。

すでに余剰資金が豊富にあるなら別ですが、住宅ローンを借りて持ち家を買うのは慎重になるべきだと思っています。

ゼロ金利時代になり、住宅ローンの金利も史上最低レベルになっていることから、若い世代でも35年ローンを組めば、少ない頭金でも新築マンションや一戸建てが買える時代に

なりました。

デベロッパーは、「家賃と同等の月々の返済額で、一生モノのわが家が手に入ります」などと購入を促しますが、宣伝文句に乗って毎月給与から住宅ローンを返済し、ボーナスからも返済を迫られると、可処分所得は大きく削られ、株式投資に回す余剰資金はどんどん少なくなってしまいます。

そのうえマンションなら、築12年以降には大規模修繕工事などの負担が発生する場合もあります。日本では台風や地震などで被害を受ける可能性も考えて、高い保険に入るなど、さらなる支出増を招くことにもなりかねません。

その点、賃貸派なら固定資産税やさまざまな維持コストも必要ありません。今後、テレワーク主体で毎日出勤しなくても済むようになるなど、仕事環境が変化したときなどでも簡単に引っ越せますし、収入が減ったとしても家賃の低い物件に引っ越せば支出を抑えられます。

そうやって浮いたお金を株式投資に回すことで、資産形成を始めるのが私はベターだと考えています。

同じように自動車などもローンで買うのは、やめたほうがいいでしょう。

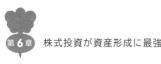

持ち家と同じように、自動車も収益を生みませんし、ほとんどは買った瞬間から値下がりが始まります（アラブの大金持ちが買うようなビンテージカーは値上がりすることもありますが、その話は脇に置いておきましょう）。そして自動車にも、住まいと同じように固定費がかかります。各種税金や車検費用、保険料、駐車料金などです。

東京や大阪のように公共交通機関のネットワークが発達している大都市圏では、自動車がなくても生活に困る場面は少ないでしょう。カーシェアリング、レンタカー、ウーバーなどの配車アプリを活用すれば、マイカーを持たずに生活できる時代です。

タワーマンションや輸入車がステイタスだという認識も、かつてに比べるとだいぶ弱くなっています。周りに合わせて住まいや自動車を所有するこだわりなど捨てて、まずは余剰資金を株式投資に向けることが、これからの長い人生を豊かにすることにつながると考えます。

配当金は再投資の原資にして複利で投資

株式には「配当金」があります。私は配当金狙いの投資はしていませんが、それでも年間400万~500万円ほどの配当があります。

株式の配当金はお小遣いと捉えて使う人もいれば、使わずに再投資の原資として活用することもできます。資産が少ないうちは、配当金は使わずに再投資して資産を大きくすることを優先すべきです。少なくとも3000万円ぐらい貯まるまでは、全額再投資したほうがいいと思います。

私自身は、微力ながら地元の経済を回すお手伝いがしたいので、もらえる配当金はすべて使っています。

仮に5%の配当があったとします。この5%を使わず再投資に回して複利で運用すると、税金を考慮しない単純計算では、10年で投資金額の62・8%に相当します。

配当金は同じ銘柄に追加投資してもいいでしょうし、まったく別の銘柄を買う元手にすることもできます。

配当金を再投資するというサイクルを上手に回していれば、新たに自分のお金を入れなくても済みます。

同じ銘柄に配当金を追加投資すると、次にもらえる配当金がそれだけ増えます。株数が多ければ多いほど、もらえる配当金が比例して増えてくるのです。

1～2年くらいでは、配当金を追加投資した分は、大した資産にはならないかもしれません。でも、5年、10年、15年と長期間にわたり配当金を再投資して複利での運用を続けていると、雪だるま式に株式資産が増えてきます。

資金が小さいうちに5％の配当金を再投資するかしないかで、10年後の株式資産には大きな差がつくかもしれません。

ブログやツイッターでの情報発信でパフォーマンス向上

２０００年のＩＴバブル崩壊後、ほどなく始めたバリュー株投資の理論と実践がかみ合うようになったおかげで、長らく一進一退を繰り返していた株式資産が２００１年から２００２年にかけて大きく上昇に転じました。
そこで「こういうふうにバリュー株投資をやれば、投資成績が上がりますよ」という内容のスレッドを、匿名掲示板サイトの「2ちゃんねる」（現在の「5ちゃんねる」）に立ち

上げました。

初めはまったく信用してもらえず、「指数が大幅にマイナス（日経平均は２００１年マイナス23・5％、２００２年マイナス18・6％）なのに、おまえだけがそんなに儲かっているわけがない」といったレス（コメント）が、たくさん寄せられました。

２〜３日間でレスが１０００を超える盛況ぶりだったのですが、話がかみ合わなかったので、それ以上スレッドを立てるのはやめました。

信用してもらうには、どうしたらいいのか。そう悩んだ私は、「Ｙａｈｏｏ！掲示板」（現在はＹａｈｏｏ！ファイナンス掲示板）に自分が買った銘柄・売った銘柄・持っている銘柄を毎日投稿し始めました。

２００１年から日々のキャッシュポジションや資産などを全部エクセルに打ち込んで管理するようにしていましたから、２００３年からそのデータをそっくりそのまま公表したのです。今ならブログかツイッターに投稿するところでしょうが、その頃は掲示板しかありませんでした。

一度公開すると証拠として残りますから、あとで都合良く書き変えることはできません。これなら信用してもらえるはずだと考えたのです。

自分を信用してもらいたい一心で公開したのですが、意外な効果がありました。公開後、運用成績が良くなったのです。

それまでは、「どっちに転ぶか、わからないけれど、とりあえず買ってみよう」という銘柄がちょいちょいありました。でも、運用成績が白日の下にさらされるようになると、「変な失敗はできない」と思うようになります。そのため、より深く客観的な分析を重ねて、自信が持てる銘柄しか買わなくなったのです。

人間は誰でも、都合の悪いことは忘れてしまい、なかったことにしたくなります。そうではなく、成功も失敗もすべてさらけ出して、失敗は失敗と素直に認め、次の失敗を繰り返さないように気をつけるようになりました。

株式投資で重要なのは、儲けることよりも、失敗やミスを極力減らすこと。極論すれば、100戦して99勝1敗でも資産がマイナスになって自己破産することもあります。

失敗やミスを減らすには、自分の投資情報の公開も有効だと思うのです。

投資成績を公表し始めてから、自分の投資を客観視できるようになり、独りよがりのバイアスが修正されるようになったのが、パフォーマンスが上がった理由でしょう。

個人投資家の多くは孤独で、身近に相談できる相手がいないもの。そのため我流に走り、独善的になりやすい面もあります。そうならないように、公平に見て合理的な投資であり、ヘンなバイアスがかかっていないことを慎重にチェックするようになったのです。

誰も見てない自室だとルームウェアでダラダラしがちですが、外に出るときは他人の目を気にしてきちんとした服装をしようと心がけます。それと同じように、自分の投資成績を公表すると、バリュー株投資への意識がより高まり、それがパフォーマンスアップにつながったのです。

これから株式投資を始めるなら、ブログやツイッターといった手段で投資成績を公表することもパフォーマンスを上げるために役立つかもしれません。

現在ではブログに加えて、ツイッターやツイキャスでも情報を発信しています。こちらから情報を出さないと誰も見向きもしてくれませんが、自分から情報発信をしているうちに、より多くの投資家との交流が生まれました。

こうした交流からの学びは多く、入ってくる情報の質も量も変わり、それが投資家としての成長につながっているという実感があります。

なかには悪く言う人もいますが、私は何事も前向きに捉えるプラス思考の性格なので、「叩かれるということは、それだけ多くの人が私を注目して見てくれている証拠。叩かれ

	株式運用益	PF	日経平均	TOPIX	JASDAQ	東証2部	マザーズ	S&P	配当
2001年	4,942,065	**81.1%**	-23.5%	-19.6%	-12.9%	-12.1%	-	-13.0%	
2002年	3,260,965	**29.5%**	-18.6%	-18.3%	-18.3%	-12.8%	-	-23.4%	
2003年	7,046,117	48.1%	24.5%	23.8%	**75.4%**	43.9%	31.9%	26.4%	
2004年	17,516,302	**80.7%**	7.6%	10.1%	33.8%	40.9%	30.6%	9.0%	
2005年	21,945,285	64.1%	40.2%	44.7%	44.1%	**71.4%**	47.7%	3.0%	
2006年	9,202,718	22.0%	6.9%	1.0%	**33.8%**	-19.3%	-56.3%	13.6%	509,600
2007年	3,536,744	**10.0%**	-11.1%	-12.2%	-16.3%	-21.3%	-29.5%	3.5%	645,751
2008年	-6,346,665	**-15.6%**	-42.1%	-41.7%	-36.9%	-40.8%	-58.7%	-38.5%	812,740
2009年	14,869,319	**40.9%**	19.0%	5.6%	7.7%	6.6%	28.7%	23.5%	1,044,540
2010年	20,851,230	**41.9%**	-3.0%	-0.9%	6.6%	6.8%	4.1%	12.8%	1,347,346
2011年	22,538,235	**35.4%**	-17.3%	-18.9%	-6.0%	-4.4%	-8.6%	0.0%	1,812,510
2012年	31,616,726	**44.5%**	22.9%	18.0%	19.8%	17.3%	2.6%	13.4%	2,007,389
2013年	78,524,802	78.5%	56.7%	51.5%	45.3%	44.2%	**137.2%**	29.6%	4,291,375
2014年	36,755,274	**24.4%**	7.1%	8.1%	15.1%	23.0%	-5.2%	11.4%	3,025,803
2015年	44,638,855	**31.2%**	9.1%	9.9%	12.0%	7.7%	-2.5%	-0.7%	2,780,994
2016年	50,984,500	**28.4%**	0.4%	-1.9%	3.5%	10.6%	6.3%	9.5%	2,634,050
2017年	32,019,826	15.2%	19.1%	19.6%	39.1%	**44.2%**	30.7%	19.4%	3,514,800
2018年	13,790,090	**6.6%**	-12.1%	-17.8%	-18.7%	-14.3%	-34.1%	-6.4%	5,197,300
2019年	96,208,562	**45.8%**	18.2%	15.2%	19.5%	16.6%	10.5%	28.5%	4,999,200
累計	503,900,950	8173.7%	71.6%	34.1%	208.9%	275.2%	-10.6%	147.4%	34,623,398

●各指数のパフォーマンス推移（2001年以降）

ないように、もっと勉強して頑張らなきゃ！」と素直に思えます。

たとえ叩かれたとしても、自分が正しいか、間違っているかは、必ず時間が証明してくれます。どんなに賛否両論があっても、最終的には勝ち負けがはっきりするのが、株式投資の面白いところでもあります。

2020年のコロナショックでは、「かぶ1000は破産するかもしれないぞ」とアンチから散々叩かれました。確かに2020年は12月1日現在で運用成績はマイナスになっていますが、私は「こんな絶好のチャンスはない！」とバリュー株を買い続けました。

その甲斐があってか私が保有する株式のルックスルー純資産は過去最高額の6億789万円（2020年10月18日現在）まで増加しました。

いずれは株価にもそれが反映されることを楽しみに株を持ち続けています。

おわりに

自慢するわけではありませんが、私のところには「投資本を出しませんか？」「有料オンラインサロンをやりませんか？」といったお誘いがちょくちょく舞い込みます。

「かぶ1000さんなら、きっとヒットしますよ」と言ってくださるのですが、そうしたお誘いはこれまで丁重にお断りしてきました。なぜなら、自分自身がこれまでやってきたことが本当に誰かの役に立つのか、就職もアルバイトもしたことがない独学の個人投資家の言うことを信じてくれる人が果たしているのか、自信が持てなかったからです。

それでも嬉しいことに、ネット上などで「かぶ1000の話は面白い」「なかなかいいことを言っている」と認めてくれる人たちが少しずつ増えてきました。そうした声が、本を出すことを躊躇《ちゅうちょ》していた私の背中を押してくれました。

さらに、この本を書いた理由がもう1つあります。それは次のようなことです。

日本の経済と社会には今、閉塞感が漂っているように私には思えます。

少子高齢化はノンストップで加速していますし、世代間格差が広がっています。地方ではシャッター街と空き家が目立つ街が増えています。

低迷する日本経済を必死に支える大切な柱となっているのは、何よりも企業であり、そこで働いている人たちだと、私は思っています。日本では、製造業を中心として世界的に見ても優秀な企業はまだまだありますが、その株式の多くを、外国人投資家が所有しています。

株主＝会社のオーナーですから、頑張っている日本企業の3分の1は今や外国人のもの。超優良企業のキーエンスの外国人持ち株比率は約49％、ディスコは約36％。日本のモノ作りの素晴らしさをいち早く世界に発信したソニーの外国人持ち株比率は、約57％です。

私は今こそ日本人が、日本企業の株主となり、日本企業をもっと応援するべきときではないかと感じています。


世界的に見て、銀行預金も国債も債券も金利が極端に低くなってしまい、利益を生みにくくなっています。そのなかで、唯一期待値の高いリターンが望めるのが株式投資です。

それなのに、日本人はまだまだ株式投資に及び腰です。アメリカ人の金融資産の構成を見ると株などが約33％を占めているのに、日本人ではまだ10％足らずです（出典：日本銀行調

査統計局『資金循環の日米欧比較』2020年8月21日)。

外国人持ち株比率が高くなった理由は、企業間の株式持ち合いの解消が進んだことに加えて、日本人が日本企業の株式を保有しないからなのです。

アベノミクスによる異次元緩和により、日本銀行は日本銀行券(紙幣)を刷り続けていますが、市中に流通している紙幣のおよそ5割はタンス預金になってしまっているという試算もあります。

個人投資家がもっと増えてタンス預金の何割かが株式市場に流れ込むだけでも、日本の株式市場が活況になり、株価上昇による資産効果が生まれ、投資家は大きなリターンが得られることになります。


企業の商品やサービスを利用している顧客、そこで働いている従業員、経営者の利害関係が一致するには、みんなが株式を買って株主になることだと私は思っています。

顧客は値段を下げろ、従業員は給料を上げろ、経営者は役員報酬をもっとよこせと、それぞれが勝手なことを言っています。

立場が違いますから、求めるものが違うのは当然ですが、みんなが株主になれば利害関係が一致します。すると、お金が回るようになり、日本の経済と社会が活性化するきっかけになると、私は信じているのです。

個人投資家がもっと増えて日本経済が成長すれば、時価総額がさらに右肩上がりになり、個人投資家も潤います。潤った投資家がさらに投資を増やしたり、個人消費を増やしたりすれば、好循環が生み出せます。

1人の専業投資家として、今後もほんの微力ながら、情報発信を通じてそんな好循環を引き出す環境づくりのお手伝いをしたいと思っています。

2021年1月

かぶ1000

［著者］

かぶ1000（かぶせん）

個人投資家の間で絶大な人気を誇る名物投資家で、専業投資家歴30年以上の大ベテラン。中学２年のときに５歳から貯めていた40万円を元手に株式投資を開始。中３で300万円、高１で1000万円、高２で1500万円へと株式資産を増やす。会計系の専門学校卒業後、証券会社の就職の誘いを断って専業投資家の道へ。2011年に１億円プレーヤーの仲間入りを果たすと、その後も順調に資産を増やし、2015年に３億円、2019年に累計利益４億円を突破。時価総額に比べて正味の流動純資産が著しく多い「ネットネット株」や豊富な不動産含み益などを持つ「資産バリュー株」への投資を得意とする理論派で、保有株全体の運用利回り年20％超を目標に割安株の発掘にまい進している。「株式投資は人生最高の友」であり、株の話なら10時間でもノンストップで熱く語れる。中３からの筋金入りの『会社四季報』ユーザーでもある。楽天ブログ『かぶ1000投資日記』やX（かぶ1000@kabu1000）、ツイキャスも人気。著書『賢明なる個人投資家への道』（ダイヤモンド社）も話題に。

貯金40万円が株式投資で４億円
――元手を1000倍に増やしたボクの投資術

2021年１月12日　第１刷発行
2024年３月25日　第３刷発行

著　者――かぶ1000
発行所――ダイヤモンド社
〒150-8409　東京都渋谷区神宮前6-12-17
https://www.diamond.co.jp/
電話／03･5778･7233（編集）　03･5778･7240（販売）

ブックデザイン―渡邉雄哉（LIKE A DESIGN）
編集協力――井上健二
イラスト――永井洋二（サンメッセ）
校正――――鷗来堂
製作進行――ダイヤモンド・グラフィック社
印刷・製本―三松堂
編集担当――斎藤順

ISBN 978-4-478-11201-4